100 cosas que hay que saber sobre inteligencia artificial

• *Colección Cien* × 100 – 37 •

100 cosas que hay que saber sobre inteligencia artificial

Ramon López de Mántaras Badia

Instituto de Investigación en Inteligencia Artificial
Consejo Superior de Investigaciones Científicas

Lectio
Ediciones

Primera edición: septiembre de 2024

© Ramon López de Mántaras Badia

© de esta edición:
9 Grupo Editorial
Lectio Ediciones
C/ Mallorca, 314, 1º 2ª B – 08037 Barcelona
Tel. 977 60 25 91 – 93 363 08 23
lectio@lectio.es
www.lectio.es

Diseño y composición: 3 × Tres

Impresión: Romanyà Valls, SA

ISBN: 978-84-18735-68-4

DL T 801 2024

ÍNDICE

AGRADECIMIENTOS

He tenido la fortuna de contar con la ayuda de Jordina Biosca, quien ha revisado exhaustiva y pacientemente todo el contenido del libro con gran sentido crítico. Sin duda, sus comentarios han mejorado significativamente el resultado final. Muchas gracias, Jordina.

La maestra Carme Ortoll ha revisado muchos capítulos del libro y sus pertinentes observaciones también han contribuido mucho a mejorarlo. Muchas gracias, Carme.

El Dr. Cesc Múrria, ecólogo, ha revisado los capítulos sobre biodiversidad. Sus observaciones me han permitido aprender mucho sobre este importante tema. Muchas gracias, Cesc.

Finalmente, quiero agradecer a Jordi Ferré y Josep Maria Olivé, director y director adjunto de 9 Grup Editorial, el haber confiado en mí al proponerme, en 2021, que escribiera la versión original en catalán de este libro, que fue publicada, en septiembre de 2023, por la editorial Cossetània. También quisiera agradecer a Marta Ferré, responsable de comunicación y prensa de Cossetània, su excelente labor de comunicación y promoción.

PREFACIO

A pesar de los impresionantes éxitos recientes de la Inteligencia Artificial (IA), en particular la IA generativa, actualmente todavía nos encontramos con importantes dificultades para que una máquina sea capaz de llevar a cabo tareas que para nosotros son sencillas. Posiblemente la lección más importante que hemos aprendido a lo largo de los casi setenta años de existencia de la IA, es que lo que parecía más difícil, como diagnosticar enfermedades, jugar al ajedrez, o al Go, ya se ha logrado; en cambio, lo que parecía más fácil, como entender el significado profundo del lenguaje o la interpretación general de escenas, ha resultado ser tan difícil que todavía no lo hemos conseguido. Las capacidades más complicadas de alcanzar son aquellas que requieren interaccionar con entornos no restringidos que requieren entender el mundo mediante la percepción y comprensión del lenguaje, así como tomar decisiones con información incierta e incompleta.

Como se verá a lo largo del libro, la comprensión profunda del lenguaje y de lo que percibimos con nuestros sentidos solo es posible si, entre otras cosas, tenemos conocimientos de sentido común. La adquisición de conocimientos de sentido común es el principal problema con el que se enfrenta la IA. Poseer sentido común es el requerimiento fundamental para que las máquinas den el salto cualitativo desde la IA especializada a la IA de tipo general. Hay millones de conocimientos de sentido común que las personas utilizamos fácilmente y que nos permiten comprender cómo es y cómo funciona el mundo que nos rodea pero que las máquinas no poseen.

A pesar de estas dificultades, las tecnologías basadas en la IA han empezado ya a cambiar nuestras vidas en aspectos como la salud, la productividad o el ocio. A corto y medio plazo tendrán un gran impacto en la energía, el transporte, la educación y en nuestras actividades domésticas, así como en actividades artísticas. Entre las actividades futuras, creo que los temas de investigación más importantes seguirán siendo el aprendizaje automático, los sistemas multiagente, el razonamiento, la planificación de acciones, la visión artificial, la comunicación multimodal persona-máquina, la robótica humanoide y los robots sociales.

Este libro, cuya versión en catalán se publicó en septiembre de 2023, aborda todos estos aspectos, desde los inicios de la IA hasta los desarrollos recientes, haciendo énfasis en sus limitaciones tanto técnicas como éticas y su impacto social. No he tenido la pretensión de ser exhaustivo, ya que es imposible teniendo en cuenta la enorme cantidad y variedad de resultados existentes. Por otra parte, la IA está avanzando rápidamente y por lo tanto muchos de los resultados que se presentan serán superados a corto plazo, pero creo que este libro muestra una foto fiel de la situación de la IA actual. He priorizado mostrar resultados de investigación recientes, a veces curiosos, que han sido mayoritariamente publicados en revistas del más alto prestigio. Solo me queda esperar que este libro aporte respuestas a algunas preguntas y sobre todo que plantee otras. También espero que los lectores disfruten leyendo tanto como yo he disfrutado escribiendo.

Instituto de Investigación en Inteligencia Artificial, Bellaterra, y Western Sydney University, Sydney, 1 de febrero de 2023

Nota: A pesar de no ser estrictamente lo mismo, los términos: *software, sistema, agente* y *algoritmo* se usan indistintamente en este libro.

EL INICIO DE UN LARGO CAMINO

01/100

EL LARGO CAMINO HACIA LA INTELIGENCIA ARTIFICIAL

¿Es posible construir máquinas inteligentes? ¿Es el cerebro una máquina? Estas son dos preguntas que han obsesionado a grandes pensadores durante siglos. El desarrollo de la IA ha acercado estas dos preguntas e incluso, para muchos investigadores, las ha unificado en el sentido de que se están utilizando conceptos, técnicas y experimentos similares en los intentos de diseñar máquinas inteligentes e investigar la naturaleza de la mente. Actualmente sabemos todavía relativamente poco sobre el cerebro, pero estamos siguiendo un camino que implica considerarlo un sistema computacional y hemos empezado a explorar el espacio de posibles modelos computacionales que permitan emular su funcionamiento.

El objetivo último de la IA, conseguir que una máquina tenga una inteligencia de tipo general, similar a la humana, es uno de los objetivos más ambiciosos que se ha planteado la ciencia. Por su dificultad, es comparable a otros grandes objetivos científicos como explicar el origen de la vida, el origen del universo o conocer la estructura de la materia. A lo largo de los últimos siglos, este empeño por construir máquinas inteligentes nos ha conducido a inventar modelos o metáforas del cerebro humano. Por ejemplo, en el siglo XVII, Descartes se preguntó si un complejo sistema mecánico compuesto de engranajes, poleas y tubos podría, en principio, emular el pensamiento. Dos siglos después, la metáfora fue los sistemas telefónicos, puesto que parecía que sus conexiones se podían asimilar a una red neuronal. Actualmente el modelo dominante es el modelo computacional basado en el ordenador digital y, por lo tanto, es el modelo que hay detrás de todo lo que contiene este libro.

Hasta muy recientemente, el modelo dominante en IA ha sido el simbólico. Es un modelo *top-down* basado en el razonamiento lógico y la búsqueda heurística como pilares para la resolución de problemas. Es decir, la IA simbólica opera con representaciones abstractas del mundo real que se modelan mediante lenguajes de representación basados principalmente en la lógica matemática y sus extensiones. Simultáneamente con la IA simbólica también se ha desarrollado una IA bioinspirada llamada conexionista. Los sistemas conexionistas, contrariamente a la IA simbólica, siguen una modelización *bottom-up*, ya que se basan en la hipótesis de que la inteligencia emerge a partir de la actividad distribuida de un gran número de unidades interconectadas que procesan la información en paralelo. En IA conexionista, estas unidades son modelos muy aproximados de la actividad eléctrica de las redes neuronales biológicas.

A pesar de lo que últimamente afirman algunos sobre la generalidad de la IA generativa, basada en modelos conexionistas, estamos todavía muy lejos de conseguir una IA de tipo general. De hecho, prácticamente todos los esfuerzos en IA se han centrado en construir inteligencias artificiales especializadas y los logros alcanzados, en sus casi setenta años de existencia, son muy impresionantes; en particular durante el último decenio, principalmente gracias a la conjunción de dos elementos: la disponibilidad de enormes cantidades de datos y el acceso a la computación de altas prestaciones para poder analizarlos.

El camino hacia la IA de tipo general seguirá siendo, pues, largo y difícil. Al fin y al cabo, la IA tiene solo siete décadas de existencia y, como diría Carl Sagan, setenta años son un brevísimo momento en la escala cósmica del tiempo; o, como muy poéticamente dijo Gabriel García Márquez:

> Desde la aparición de vida visible en la Tierra tuvieron que transcurrir 380 millones de años para que una mariposa aprendiera a volar, 180 millones de años más para fabricar una rosa sin otro compromiso que el de ser hermosa y cuatro eras geológicas para que los seres humanos fueran capaces de cantar mejor que los pájaros y morir de amor.

02/100

EL VIEJO SUEÑO DE CREAR INGENIOS A NUESTRA IMAGEN Y SEMEJANZA

Construir máquinas con forma humana y dotarlos de vida propia, conciencia y sentimientos es uno de los sueños más antiguos de la humanidad. En la antigua Grecia, en el siglo octavo antes de cristo, en la *Ilíada*, el poeta Homero relata la construcción de nuevas armas para Aquiles en el taller de Hefesto. El taller venía a ser un santuario de la robótica: trípodes que van y vienen solos sobre pequeñas ruedas de oro; androides metálicos fabricados de oro, que hacen de criados, así como otros robots. Unos diez siglos más tarde, otro poeta, Ovidio, en las *Metamorfosis*, explica que el Rey Pigmalión esculpió la estatua en marfil de una doncella, Galatea, tan bella que se enamoró de ella. Pigmalión pidió a la diosa Afrodita que diera vida a su amada y esta lo complació. En esta prehistoria del sueño de crear ingenios animados, encontramos muchos ingredientes de la relación humana con la IA, en particular su papel de esclavo o dominante y su capacidad para despertar amor u odio. Lo que también explican estos relatos mitológicos es que el poder de crear máquinas, a nuestra imagen y semejanza, está relacionado con el poder divino, como si los humanos siempre hubiéramos querido jugar a ser Dios a base de progreso científico.

El filósofo griego Aristóteles, en el siglo IV antes de Cristo, soñaba con automatizar el razonamiento. Aristóteles identificó un tipo de razonamiento llamado silogismo, que nos permite sacar conclusiones a partir de premisas. El silogismo más conocido es el siguiente: a partir de 1) Todos los humanos son mortales (primera premisa) y 2) Todos los catalanes son humanos (segunda premisa), podemos concluir 3) Todos los catalanes son mortales. La importancia para la IA de la contribución de Aristóteles tiene que ver con la forma del silogismo: no nos limita a hablar específicamente de seres humanos, catalanes o mortalidad. Podríamos estar hablando de cualquier otra cosa. Esto es obvio si reescribimos el silogismo mediante símbolos arbitrarios. Es decir, podemos escribir: 1) Todos los B son C (en lugar de todos los humanos son mortales); 2) Todos los A son B (en lugar de todos los catalanes son humanos); por tanto, 3) Todos los A son C (todos los catalanes son mortales). En otras palabras, se puede sustituir cualquier cosa que se desee por A, B y C para llegar a una conclusión válida, respetando el significado de las palabras que forman la frase. Por supuesto, la conclusión no será cierta si no lo son las premisas.

Persiguiendo sus propios sueños visionarios, el filósofo, teólogo y fraile mallorquín Ramon Llull en el siglo XIII ideó unos conjuntos de discos concéntricos rotativos con los que pretendía convertir a la fe cristiana a musulmanes y judíos a través de la lógica y la razón. Los discos llevaban inscritas letras del alfabeto que representaban algunos de los atributos de Dios, como bondad, grandeza, eternidad, poder, sabiduría, voluntad, virtud y gloria. La adecuada rotación de los discos se supone que producía respuestas a preguntas teológicas. Este sistema ideado por Llull podía aplicarse a otras cuestiones no teológicas e influyó, cuatro siglos más tarde, en el proyecto del filósofo y matemático Gottfried Wilhelm Leibniz de diseñar un lenguaje universal, basado en números en lugar de letras, con el que se pudiera formular todo el conocimiento humano. Su idea era que si los conceptos eran representados por números, podría obtenerse un razonamiento complejo a partir de los conceptos así representados, multiplicando los números correspondientes a estos conceptos. Leibniz estaba convencido de que de esta manera todas las preguntas podrían reducirse a operaciones matemáticas y que, para resolver cualquier cuestión, solo había que calcular. Este es el significado de la famosa exclamación "Calculemus!", de Leibniz.

Estas propuestas de Aristóteles, Llull y Leibniz abonaron el terreno para una investigación exhaustiva sobre la naturaleza del razonamiento automatizado. Sin embargo, no fue hasta la segunda mitad del siglo XX que, gracias a los ordenadores digitales, se pudieron empezar a poner en práctica estas ideas gracias a la IA.

03/100

ALAN TURING: UN CIENTÍFICO VISIONARIO

Alan Turing fue uno de los científicos más importantes del siglo XX. En 2012, con motivo del centenario de su nacimiento, hubo actos de homenaje en casi todo el mundo y, en particular, en el Reino Unido, su país de origen. Homenajes que nunca tuvo en vida, sino todo lo contrario. Turing, en 1952, fue condenado por homosexual en base a una ley homófoba. Se le dio a elegir entre la cárcel o la castración química. Optó esta última opción, lo que le causó importantes secuelas físicas y psíquicas que, junto al rechazo social por la condena, provocaron su suicidio por envenenamiento al morder una manzana que contenía cianuro potásico.

Turing fue víctima de una sociedad que debía haberle reconocido como un héroe por haber jugado un papel fundamental en el equipo de matemáticos que, durante la Segunda Guerra Mundial, logró descifrar los mensajes cifrados que los mandos del ejército nazi se intercambiaban mediante las máquinas Enigma. Se estima que el descifrado de estos mensajes acortó la guerra en al menos un par de años, evitando cientos de miles de víctimas. Pero la genialidad de Turing no se limitó a sus extraordinarias capacidades para descifrar mensajes. Durante su corta vida hizo contribuciones fundamentales en informática y hoy en día es considerado uno de los padres de esa ciencia. En 1936, mucho antes de que se construyeran los primeros ordenadores, Turing desarrolló los fundamentos teóricos de la computación mediante la introducción de un concepto matemático, ahora conocido como máquina de Turing, sobre el que se basan todos los ordenadores actuales. La máquina de Turing es una rigurosa formalización de conceptos tan básicos en informática como algoritmo y computabilidad y, gracias a esta formalización, podemos determinar dónde están los límites de lo que es calculable por un ordenador. Demostrar imposibilidades es de extraordinaria importancia en ciencia. Por ejemplo, la imposibilidad de construir máquinas con movimiento perpetuo condujo al descubrimiento de las leyes de la termodinámica en física. Del mismo modo, conocer los límites de las matemáticas y de la computación nos permite saber qué es imposible y, por lo tanto, no es necesario intentar.

Además, Turing es considerado el padre de la IA. En el artículo "Computing machinery and intelligence", publicado en la revista *Mind*, en 1950, argumentaba que en un plazo de unos 50 años habría ordenadores capaces de realizar deducciones lógicas, de aprender adquiriendo nuevos conocimientos, tanto inductivamente como por experiencia, y de comunicar mediante interfaces humanizadas. Era una idea muy radical en ese momento. La argumentación de Turing se basaba en otro importantísimo concepto matemático, el de máquina universal, propuesto también por él. La máquina universal de Turing es capaz de emular cualquier otra máquina, aunque sea más compleja que ella misma. Dado que los seres humanos somos complejas máquinas biomoleculares, pero máquinas al fin y al cabo, podemos pensar, como hizo Turing, que su máquina universal debería poder emular la inteligencia humana.

La última y sorprendente noticia sobre la genialidad de Turing se dio a conocer en 2012 cuando investigadores del King's College de Londres confirmaron experimentalmente una teoría que Turing había formulado más de sesenta años atrás, que explicaba cómo se generan los patrones biológicos que dan lugar, por ejemplo, a las rayas en los tigres o las manchas en los leopardos. El estudio, publicado en la prestigiosa revista *Nature Genetics*, demuestra que estos patrones se deben a la interacción de un par de morfógenos, uno inhibidor y el otro activador, tal y como predecían las ecuaciones que había formulado Turing. Este resultado es de tal magnitud que incluso puede tener aplicaciones importantes en medicina regenerativa. Nos resulta evidente pensar cuántas veces más nos habría sorprendido Alan Turing con contribuciones científicas de primer orden si la intolerancia no se hubiera cruzado en su camino.

04/100

EL JUEGO DE LA IMITACIÓN

En 1950, Alan Turing planteó la cuestión de cómo averiguar si una máquina es o no inteligente. Para responder a esta pregunta propuso una prueba que actualmente lleva su nombre: test de Turing. Esta prueba es una variante del llamado juego de la imitación. En este juego, que era bastante popular en la Inglaterra de principios del siglo pasado, participaban tres personas: un interrogador, un hombre y una mujer. El interrogador, que puede ser hombre o mujer, se sitúa en una sala diferente y se comunica con las otras dos personas mediante mensajes de texto escritos a máquina y dispone de cinco minutos para determinar quién es el hombre y quién es la mujer en base a las respuestas que recibe a sus preguntas. Esto sería fácil si no fuera porque las reglas de este juego permiten que el hombre mienta, con el objetivo de confundir al interrogador, pretendiendo ser la mujer. La mujer, por su parte, intenta, con sus respuestas, ayudar al interrogador a discernir correctamente quién es quién. Si pasados los cinco minutos el interrogador no es capaz de saber con una certeza superior al 70% quién es quién, entonces el hombre gana el juego, ya que ha logrado confundir al interrogador haciéndole creer que era la mujer. Pues bien, el test de Turing para determinar si una máquina es inteligente consiste simplemente en sustituir en este juego el papel del hombre por un ordenador, de tal forma que, si logra confundir al interrogador, haciéndole creer que es un ser humano, diremos que el ordenador es inteligente.

A pesar de algunas noticias aparecidas recientemente en los medios de comunicación, hasta ahora no hay ningún programa de ordenador que haya superado este test. De todas formas, hay que decir que tampoco es realmente un objetivo de los investigadores en IA conseguir superarlo y, por lo tanto, no se han dedicado demasiados esfuerzos a ello. El principal motivo es que este test, basándonos en el estado actual de la IA, no es un buen indicador para determinar si una máquina es inteligente, ya que, por un lado, es más bien un test sobre la capacidad de engañar que un test de presencia de inteligencia y, por otro lado, como mucho, solo evalúa procesos cognitivos que son susceptibles de ser expresados verbalmente. Hay otros procesos cognitivos fundamentales que no se pueden verbalizar y su modelización y evaluación son imprescindibles en IA. El ejemplo más paradigmático es la actual investigación en robots autónomos con el objetivo de dotarles de sofisticadas habilidades sensoriales y motoras, que permitirán que puedan aprender a reconocer y comprender lo que vean, toquen, escuchen e incluso huelan. También tendrán que tener capacidades de razonamiento espacial para aprender a interpretar su entorno, que generalmente incluirá a otros robots y también a seres humanos, lo que requerirá que desarrollen capacidades de socialización. Para poder medir los progresos hacia estos objetivos, un test como el propuesto por Turing no sirve. Necesitamos un conjunto de pruebas que evalúen todo el abanico de capacidades que conforman la inteligencia y, en particular, la capacidad de adquirir conocimientos de sentido común, que es el problema más importante que debemos resolver para conseguir inteligencias artificiales de propósito general. De hecho, ya hay muchas propuestas de pruebas alternativas. En el artículo "Benchmarks for automated commonsense reasoning: a survey", publicado en octubre de 2023, en la revista *ACM Computing Surveys*, Ernest Davis hace un análisis exhaustivo de doce pruebas cuyo fin es comprobar si los sistemas de IA han adquirido conocimientos de sentido común y capacidad para razonar en base a dichos conocimientos. La conclusión es que dichas pruebas muestran importantes carencias, por lo que muchos aspectos del sentido común siguen sin poder comprobarse. En consecuencia, actualmente no existe un modo fiable de medir hasta qué punto los sistemas de IA existentes han logrado estas capacidades.

05/100

EL SUEÑO DE SESENTA NOCHES DE VERANO

A mediados de los años 50 del siglo pasado, John McCarthy, entonces profesor ayudante en el Dartmouth College en New Hampshire (EE.UU.), organizó un encuentro con un grupo selecto de científicos para hacer un *brainstorming*, sobre la idea de que "cualquier aspecto del aprendizaje o cualquier otro rasgo de la inteligencia humana puede, en principio, ser descrito con un nivel de detalle tal que permite ser simulado en una máquina". McCarthy convenció a Claude Shannon, el padre de la teoría matemática de la información, de los laboratorios Bell, y a Marvin Minsky, entonces en Harvard, para, entre los tres, redactar una propuesta sobre la base de esta idea. La titularon *Summer research project in artificial intelligence* y solicitaron financiación a la Fundación Rockefeller. Fue financiada y el encuentro, que duró unas ocho semanas, tuvo lugar en el verano de 1956 en Dartmouth. En la propuesta se afirmaba que, en tan solo unos dos meses, un grupo de científicos cuidadosamente seleccionados podría conseguir avances significativos en aspectos como la comprensión del lenguaje, la abstracción de conceptos mediante aprendizaje y la resolución de problemas que hasta entonces solo habían sido resueltos por seres humanos.

Además de los tres proponentes, también estuvieron en Dartmouth los siguientes investigadores: Nathaniel Rochester, Arthur Samuel y Alex Bernstein, de IBM; Oliver Selfridge y Ray Solomonoff, del Massachusetts Institute of Technology; Allen Newell, de Rand Corporation, y Herbert Simon, del Carnegie Institute of Technology (actualmente Universidad Carnegie Mellon). Rochester estaba interesado en la aproximación conexionista a la IA para modelizar matemáticamente el funcionamiento de las redes neuronales; Samuel había diseñado un programa para jugar a *checkers* —un juego muy similar a las damas— que jugando contra una copia de sí mismo era capaz de aprender a mejorar su juego mediante la estimación de una función matemática que evaluaba la calidad de las jugadas. Bernstein también estaba interesado en los juegos y había trabajado en un programa para jugar al ajedrez. Selfridge estaba interesado en resolver el problema del reconocimiento de patrones y Ray Solomonoff trabajaba en una teoría general de la inferencia y sus posibles implicaciones para modelizar inteligencia artificial general. Newell y Simon llegaron a Dartmouth con algo más tangible, un programa de ordenador, llamado Logic Theorist, capaz de demostrar 38 de los 52 teoremas incluidos en el libro *Principia Mathematica*, de Alfred North Whitehead y Bertrand Russell. John McCarthy, además de proponer, con éxito, que el nuevo campo de estudio se llamara inteligencia artificial, estaba interesado en diseñar un lenguaje, interpretable por un ordenador, con el que programar aspectos como la recursividad para hacer cálculos con expresiones simbólicas. Esta idea dio lugar pocos años después al lenguaje de programación LISP. Shannon estaba interesado en la aplicabilidad de su teoría matemática de la información para modelizar el funcionamiento del cerebro, pero después de la reunión de Dartmouth dejó de interesarse por la IA. Por último, Minsky planteó la posibilidad de una máquina, nunca construida, capaz de generar un modelo abstracto del mundo, de forma que, a la hora de resolver cualquier problema, primero intentara encontrar la solución usando dicho modelo abstracto interno y si esto no daba resultados intentara solucionarlo planificando experimentos interactuando con el mundo.

El tiempo ha demostrado que estos pioneros fueron exageradamente optimistas, ya que de hecho fueron necesarias varias décadas para poder hablar efectivamente de progresos significativos en los temas que se discutieron en Dartmouth. Uno de los errores de estos pioneros de la IA fue su excesivo optimismo, consecuencia de subestimar la enorme complejidad del problema de modelizar procesos cognitivos. De hecho, en 2006, durante la celebración, también en Dartmouth, del 50 aniversario de la famosa reunión, los cuatro supervivientes del encuentro de 1956, McCarthy, Minsky, Selfridge y Solomonoff, reconocieron que la IA es un objetivo mucho más difícil de lo que nunca podrían haber llegado a imaginar.

06/100

IA GENERAL Y LA HIPÓTESIS DEL SISTEMA FÍSICO DE SÍMBOLOS

En una ponencia, en 1975, en ocasión de la recepción del prestigioso Premio Turing, Allen Newell y Herbert Simon formularon una hipótesis para la IA: la hipótesis del sistema físico de símbolos (SFS). Según esta hipótesis, todo sistema capaz de procesar símbolos posee los medios necesarios y suficientes para ser inteligente en el sentido general del término. Aunque estrictamente la hipótesis SFS se formuló en 1975, de hecho, ya estaba implícita en las ideas de los pioneros de la IA en los años 50 e incluso en las ideas de Alan Turing en sus escritos sobre máquinas inteligentes de finales de los años 40.

Por otro lado, dado que los seres humanos somos inteligentes en el sentido general, entonces, de acuerdo con la hipótesis, nosotros somos también sistemas físicos de símbolos. Conviene aclarar a qué se refieren Newell y Simon al hablar de sistema físico de símbolos. Un SFS consiste en un conjunto de entidades llamadas símbolos que, mediante relaciones, pueden ser combinados formando estructuras más grandes —como los átomos que se combinan formando moléculas— y pueden ser transformados aplicando un conjunto de procesos. Estos procesos pueden introducir nuevos símbolos, crear y modificar relaciones entre símbolos, almacenar símbolos, comparar si dos símbolos son iguales, etcétera. Estos símbolos son físicos en tanto que tienen un sustrato electrónico (en el caso de los ordenadores) o biológico (en el caso de los seres humanos). Efectivamente, en el caso de los ordenadores, los símbolos se realizan mediante circuitos electrónicos digitales y, en el caso de los seres humanos, mediante redes de células nerviosas (neuronas). En definitiva, de acuerdo con la hipótesis SFS, la naturaleza del sustrato (circuitos electrónicos o redes de neuronas) no tiene importancia siempre que este sustrato permita procesar símbolos. No olvidemos que se trata de una hipótesis y, por tanto, no debería ser ni aceptada ni rechazada a priori. Su validez o refutación deberá verificarse, de acuerdo con el método científico, con ensayos experimentales. La IA es precisamente el campo científico dedicado a intentar verificar esta hipótesis en el contexto de los ordenadores digitales, es decir, verificar si un ordenador convenientemente programado es capaz o no de tener inteligencia general.

Es importante matizar que debería tratarse de inteligencia general y no especializada, ya que la inteligencia de los seres humanos es general. Exhibir inteligencia específica es algo bien diferente. Por ejemplo, los programas que juegan al ajedrez a nivel de Gran Maestro son incapaces, sin un rediseño y reentrenamiento extensivo, de jugar a las damas a pesar de ser un juego mucho más sencillo. En el caso de los seres humanos no es así puesto que cualquier jugador de ajedrez puede aprovechar sus conocimientos sobre este juego para, en cuestión de pocos minutos, jugar a las damas perfectamente. El diseño y realización de inteligencias artificiales que únicamente muestran comportamiento inteligente en un ámbito muy especializado está relacionado con lo que se conoce por IA débil en contraposición con la IA fuerte, a la que, de hecho, se referían Newell y Simon y otros padres fundadores de la IA. La IA fuerte guarda relación con la IA general, aunque, contrariamente a lo que muchos creen, no son lo mismo. Una IA fuerte, según la definió el filósofo John Searle, no simula una mente, sino que es una mente y, por tanto, será necesariamente general. Pero puede haber IA general, es decir, capaz de llevar a cabo una amplia gama de tareas muy distintas, sin ser una mente. En definitiva, IA fuerte implica IA general pero no al revés.

07/100

UNA CRÍTICA
A LA RAZÓN ARTIFICIAL
Y UNA HABITACIÓN CHINA

En 1965, el filósofo Hubert Dreyfus publicó un artículo titulado "Alchemy and artificial intelligence" donde afirmaba que el objetivo último de construir IA fuerte, es decir, que no simule tener estados mentales, sino que efectivamente los tenga, era tan inalcanzable como el de los alquimistas del siglo XVII que pretendían transformar el plomo en oro. Dreyfus argumentaba que el cerebro procesa la información de forma global y continua mientras que un ordenador utiliza un conjunto finito y discreto de operaciones deterministas, es decir, aplicando reglas a un conjunto finito de datos. En artículos y libros posteriores también utilizó otro argumento muy interesante, en contra de la posibilidad de IA fuerte, consistente en que el cuerpo juega un papel crucial en la inteligencia y, por lo tanto, la IA necesita el cuerpo para poder interaccionar con el mundo y así poder conocerlo y comprenderlo. De hecho, esta necesidad de corporeidad ya la formuló John Locke en el siglo XVII, en su *Ensayo sobre la comprensión humana,* cuando escribió: "Solo las experiencias, en particular a través de los sentidos, pueden ser el fundamento de nuestros conocimientos." Tres siglos después, el filósofo Maurice Merleau-Ponty volvió a incidir en la importancia del cuerpo para interactuar con el mundo y así poder comprenderlo. También Ludwig Wittgenstein, en su *Tractatus logico-philosophicus,* enfatizó la importancia de la relación entre el mundo y el lenguaje cuando dijo: "Los límites de mi lenguaje son los límites de mi mundo." Según Dreyfus, la IA debería modelizar todos estos aspectos para alcanzar el objetivo último de la IA fuerte. Es decir que Dreyfus no niega completamente la posibilidad de la IA fuerte, pero afirma que no es posible con la IA no corpórea. Sin duda se trata de una idea interesante que hoy en día comparten muchos investigadores en IA.

En 1980, otro filósofo, John Searle, publicó un artículo titulado *Minds, brains, and programs*, donde argumenta la imposibilidad de la IA. Su argumentación es que las máquinas, contrariamente a los humanos, carecen de intencionalidad. La intencionalidad tiene que ver con dar significado a todo lo que nos rodea. Por ejemplo, un ordenador no puede saber que la secuencia de letras J-O-V-E-N asociada a la secuencia de letras J-U-A-N, en la representación simbólica que procesa la máquina, se refiere a la propiedad de ser joven en el mundo real. Igualmente, no sabe que la secuencia de letras J-U-A-N se refiere a una persona concreta en el mundo real. Es decir, que una máquina no conoce el significado de los símbolos que manipula. Para fundamentar sus críticas, Searle propuso su famoso e imaginario experimento de la habitación china. Searle esencialmente dice:

> Supongamos que yo, que no sé absolutamente nada de chino, me encierro en una habitación donde tengo a mi disposición un conjunto muy completo de reglas, escritas en inglés, sobre cómo manipular símbolos chinos y cómo generar otros símbolos chinos en base a estas manipulaciones. A continuación, desde el exterior me proporcionan una serie de caracteres chinos y yo, aplicando las reglas escritas en inglés, los transformo en otros caracteres chinos que vuelvo al exterior de forma que estas respuestas son indistinguibles de las que daría una persona cuya lengua materna sea el chino.

Searle afirma que el sistema (él mismo, las reglas de manipulación de símbolos chinos y los símbolos chinos objeto de manipulación) no entiende chino porque lo único que se está llevando a cabo es una manipulación simbólica puramente sintáctica, es decir, sin consideraciones semánticas. Obviamente la habitación china es una metáfora del funcionamiento de los ordenadores en tanto que procesadores sintácticos de símbolos. Searle afirma que la habitación china simplemente aparenta entender chino. Podemos decir lo mismo de los actuales grandes modelos de lenguaje pues aparentan comprender el lenguaje, pero en realidad no lo comprenden.

Esta crítica de Searle a la IA provocó encendidas reacciones por parte de la comunidad de IA e incluso hoy en día las sigue provocando. El argumento más común en contra es que, aunque Searle no entienda chino, de hecho, el sistema total consistente en la habitación con todo su contenido sí entiende chino. Una analogía de quienes defienden esta postura es que en el cerebro cada una de las neuronas individuales tampoco entiende el lenguaje, pero el sistema biológico completo formado por el cerebro y el cuerpo que lo contiene sí lo entiende. ¿Qué opina el lector?

08/100

UN LARGO INVIERNO

En 1966, Joseph Weizenbaum, un científico del Massachusetts Institute of Technology, desarrolló el primer *chatbot*, llamado Eliza, inspirado en Eliza Doolittle, el personaje de la obra *Pigmalión*, de George Bernard Shaw, a quien se le enseña a imitar el habla inglesa de la clase alta. El programa fue diseñado para imitar a un psicoterapeuta y conversaba con los pacientes mediante el simple truco retórico de reformular como preguntas las respuestas de los pacientes. Por ejemplo:

PACIENTE: Quiero llorar.
ELIZA: ¿Por qué dices que quieres llorar?
PACIENTE: Porque mi madre me odia.
ELIZA: Cuéntame más sobre tu madre.
...

Eliza estaba programada para identificar palabras clave y conectarlas para generar frases de respuesta. Tuvo un gran éxito. La idea de hablar con una máquina sorprendió a la gente, e incluso hubo personas que desarrollaron un vínculo emocional con Eliza. Esto sorprendió y escandalizó al propio Weizenbaum, lo que provocó que se planteara cuestiones éticas sobre los peligros de la IA. De hecho, hasta su muerte fue muy crítico con la IA, y lo reflejó en un libro publicado en 1976 titulado *Computer power and human reason*. El argumento principal es que las diferencias entre personas y máquinas son tan grandes que hay tareas que nunca se deberían delegar en una máquina, aunque técnicamente fuera posible.

El éxito de Eliza, y otros éxitos de la IA en la década de los 60, generaron un clima de optimismo que hizo pensar que los grandes retos de la IA podrían superarse, en gran parte gracias a que surgiría algún tipo de gran teoría mental unificada que permitiría crear inteligencia artificial general.

A finales de los años 60 y principios de los 70 se produjeron especulaciones febriles sobre el impacto que las máquinas inteligentes podrían tener sobre el mundo y las ventajas que aportarían a quien las desarrollara. En EE.UU., la Agencia de Proyectos de Investigación Avanzada en Defensa (DARPA) apostó por la IA, inyectando grandes cantidades de financiación para su investigación y desarrollo. Sin embargo, a principios de los años 80, los investigadores se dieron cuenta de que no tenían ni el *hardware* ni los conocimientos suficientes para emular todo lo que un humano puede hacer, y el campo se fragmentó. En lugar de trabajar para lograr una IA equivalente a la de los seres humanos, los grupos de investigación se dedicaron a investigar aspectos específicos: reconocimiento de voz, visión por computador, procesamiento del lenguaje natural, razonamiento automatizado, sistemas expertos, aprendizaje automático, etc. En cada una de estas disciplinas se obtuvieron resultados interesantes pero el progreso era muy lento. Por otra parte, los sistemas de IA funcionaban más o menos bien resolviendo tareas muy específicas. El ejemplo más conocido son los llamados sistemas expertos, que, basados en conocimientos muy especializados descritos por un experto humano en algún campo muy concreto, y utilizando inferencia lógica para responder a preguntas, solamente funcionaban en situaciones muy concretas y era muy complicado extender su rango de aplicabilidad. Ello, junto con los fracasos en otras disciplinas de la IA como por ejemplo el procesamiento del lenguaje, provocó una desilusión generalizada. El problema era que el cerebro humano funciona obviamente de otra manera. A principios de la década de los 90 había quedado claro que no había habido ningún progreso significativo. La mayoría de los proyectos de DARPA no lograron los resultados esperados y esta agencia disminuyó significativamente la financiación de la IA.

Muchos científicos que trabajaban en áreas que antes se consideraban IA básica renegaron de la IA y comenzó un duro invierno. Los fondos de investigación se redujeron significativamente y muchos investigadores centraron su atención en problemas más aplicados que tuvieran objetivos claramente definibles que se esperaba que fueran más fáciles de alcanzar. La IA se encuentra ahora en una fase de renovado optimismo e inversión gracias a la IA generativa. Pero, ¿llegará otro invierno debido a las enormes expectativas que últimamente está provocando? A diferencia de la IA de hace 40 años, hoy las grandes tecnológicas y muchos gobiernos han apostado por la IA. Por eso, es poco probable un invierno duro, pero sí puede llegar un otoño tempestuoso.

09/100

LAS CATEDRALES
Y LA INTELIGENCIA ARTIFICIAL

En IA se habla de la metáfora de la catedral. Esta metáfora afirma que construir una IA de propósito general es como construir una catedral. La construcción de la primera catedral requirió de varias generaciones y por eso la mayoría de quienes trabajaron en su construcción no llegaron a verla terminada. Muchos eran artesanos que se dedicaron a construir ladrillos cada vez más perfectos y resistentes que en su día formarían parte de la catedral.

Actualmente, y desde hace varias décadas, los investigadores en IA estamos construyendo también los ladrillos que compondrán la catedral, es decir, los algoritmos capaces de, por ejemplo, analizar lenguaje, razonar, planificar y aprender. Y estamos continuamente mejorándolos para que hagan cada una de estas funciones cada vez mejor. Aunque la metáfora es útil para transmitir la idea de la enorme dificultad de alcanzar IA general, de hecho los humanos antes de poder construir una gran catedral construyeron muchos otros edificios mucho más sencillos como cabañas de barro y paja; posteriormente casas cada vez más resistentes y edificios cada vez más complejos, aprendiendo de sus errores y fracasos a lo largo de muchos años, hasta que, finalmente, lograron encontrar los materiales adecuados para construir no solo grandes catedrales, sino también enormes rascacielos, puentes y otras grandes estructuras. Por otra parte, es obvio que disponer de ladrillos perfectos no es suficiente para construir estructuras complejas, también es imprescindible disponer de una buena arquitectura. Es decir que por muy sofisticados que sean los algoritmos de razonamiento, planificación, aprendizaje, etc., nunca conseguiremos construir inteligencias artificiales generales si no sabemos cómo integrar adecuadamente todos estos elementos mediante una arquitectura cognitiva adecuada. Desde los años 60 se han propuesto posibles arquitecturas basadas en diversas teorías de la cognición, pero, desafortunadamente, la mayoría de las investigaciones en IA han insistido demasiado, y siguen insistiendo, en mejorar los ladrillos de forma aislada, es decir, sin colaborar estrechamente con aquellos que tratan de construir los edificios, esto es, los científicos que investigan las arquitecturas cognitivas. Por otro lado, si hubiera más de estos últimos y menos constructores de ladrillos los progresos hacia la IA general probablemente serían más rápidos. Las arquitecturas cognitivas intentan resolver el problema de cómo integrar los distintos componentes de la inteligencia explorando hipótesis sobre su naturaleza y las posibles interacciones entre sus componentes.

Además de los desarrollos de arquitecturas cognitivas, una buena parte de las actuales investigaciones en robótica también son importantes para avanzar en la investigación en inteligencia artificial corpórea mediante sistemas integrados, ya que incluyen componentes de razonamiento, planificación, aprendizaje, comunicación, percepción y acción. Los sistemas integrados son sin duda un paso previo imprescindible para progresar hacia la IA de tipo general.

10/100

CEREBRO VERSUS MÁQUINA

Desde los inicios de la informática, se habla del cerebro como un ordenador. Más recientemente, debido a los éxitos de las redes neuronales artificiales, esta comparación entre cerebro y ordenador se ha acentuado. ¿Pero son las redes neuronales artificiales realmente parecidas a los circuitos neuronales del cerebro? De hecho, John von Neumann, un matemático considerado uno de los padres de la informática, a mediados de los años 40 ya comparaba el cerebro con el ordenador. En la década de los 60, el matemático Hilary Putnam y el científico cognitivo Jerry Fodor defendían que la relación mente-cerebro era comparable con la relación *software-hardware*, y argumentaban que los estados mentales podían tener lugar en un medio distinto al cerebro. Sin embargo, esta analogía con el *software-hardware* no es sostenible si tenemos en cuenta que la cognición no es como un programa de ordenador que se ejecuta en el cerebro, ya que no se puede efectuar un cambio en la cognición sin modificar el cerebro; en cambio, se puede cambiar el *software* sin modificar para nada el *hardware*. En cierto modo, la mente es una abstracción del cerebro, un modelo descriptivo de cómo emergen las funciones mentales a partir de la actividad neuronal que tiene lugar en el cerebro. No obstante, también es cierto que hay semejanzas entre la forma en que un cerebro y un ordenador procesan información. Por ejemplo, ambos la procesan mediante señales eléctricas.

Por otra parte, es evidente que las redes neuronales biológicas son un referente e inspiración. Después de todo, el cerebro es producto de muchos millones de años de selección evolutiva y la implementación física más versátil de la inteligencia que existe. El cofundador de DeepMind, Demis Hassabis, defiende la IA inspirada en la neurociencia, sosteniendo que el estudio de la arquitectura del cerebro debería ser fundamental para la investigación en IA, ya que es la única prueba existente de que la inteligencia es posible. Es evidente que la biología ha sido la fuente de inspiración principal en las arquitecturas de redes neuronales convolucionales de última generación que imitan vagamente la organización jerárquica de los sistemas corticales. Otras formas de aprendizaje en IA también están bioinspiradas. Por ejemplo, el aprendizaje por refuerzo está inspirado en el aprendizaje basado en condicionamiento, en el sentido de Skinner.

El recurso a la emulación, mediante arquitecturas algorítmicas, de ciertos métodos eficientes de los circuitos neuronales del cerebro ha dado lugar a grandes avances en la investigación en IA. Pero esto no quita que la IA y su desarrollo previsible sean cualitativamente muy diferentes a la inteligencia humana (IH). Aunque podemos encontrar o crear analogías matemáticas entre IA e IH, lo cierto es que la IA difiere categóricamente de la IH general: el cerebro y los sistemas de IA son buenos en cosas diferentes. Algunas de las diferencias derivan de las características neurobiológicas del cerebro. El procesamiento de la información en el cerebro depende de una serie de limitaciones como la mielinización (que tiene que ver con la velocidad de transmisión de los impulsos nerviosos), la disponibilidad de neurotransmisores, el tiempo de difusión del neurotransmisor y la historia anterior de activaciones neuronales, mientras que en un ordenador la limitación principal es la velocidad concreta de su procesador.

La IA no es un eslabón de ninguna progresión natural hacia una inteligencia superior a la humana. Los esfuerzos por hacer que los algoritmos de aprendizaje en IA sean más similares a las arquitecturas cognitivas humanas son fascinantes, pero las similitudes con nuestras redes neuronales biológicas se construyen artificialmente. La IA no evoluciona por sí sola como nuestro cerebro; cualquier similitud con nuestro cerebro se tiene que diseñar. Sin embargo, la IA es la tecnología más fascinante que podríamos haber soñado jamás.

11/100

SABIOS IDIOTAS

El excesivo antropomorfismo es el principal motivo de que haya tanta confusión sobre la realidad de la IA. Cuando nos informan de éxitos espectaculares de alguna IA específica, tendemos a generalizar y le atribuimos la capacidad de hacer prácticamente cualquier cosa que hacemos los seres humanos e incluso de hacerla mucho mejor. Creemos que la IA prácticamente no tiene límites, pero en realidad lo que tienen los actuales sistemas de IA no es inteligencia sino *habilidad sin comprensión* en el sentido que apunta Daniel Dennett en su libro *From bacteria to Bach and back*. Es decir, sistemas que pueden llegar a ser muy competentes realizando tareas específicas, como procesar lenguaje o discriminar una serie de elementos en una imagen, pero sin comprender absolutamente nada sobre la naturaleza de estos elementos ni de las propiedades y relaciones entre ellos, debido a la ausencia de sentido común. Por ejemplo, pueden identificar a una persona delante de una pared, pero no saben lo que significa ser una persona ni lo que es una pared ni que las personas no pueden atravesar paredes.

Es obvio, como ya se ha dicho, que la inteligencia humana es el principal referente de cara a alcanzar el objetivo último de la IA, es decir, conseguir una IA general, prácticamente indistinguible de la inteligencia humana, pero por muy sofisticada que llegue a ser la IA siempre será distinta a la humana. Por un lado, porque los seres humanos somos capaces de entender las consecuencias de nuestras acciones y decisiones y comprendemos que a menudo hay que hacer excepciones a las reglas. Los algoritmos son incapaces de todo esto, no entienden nada y son incapaces de realizar excepciones teniendo en cuenta el contexto en el que estas decisiones deben ser tomadas. Por otro lado, el desarrollo mental que requiere toda inteligencia depende de las interacciones con el entorno y estas interacciones dependen del cuerpo donde está situada, en particular de los sistemas perceptivo y motor. Estos sistemas son completamente diferentes a los que tenemos los humanos y por eso, por muy sofisticadas que lleguen a ser, las inteligencias artificiales serán diferentes a la nuestra. El hecho de ser inteligencias ajenas a la humana y, por lo tanto, ajenas a los valores y necesidades humanas, debería hacernos reflexionar sobre posibles limitaciones éticas del desarrollo de la IA. En particular, ninguna máquina debería tomar decisiones de forma completamente autónoma o dar consejos que requieran, entre otras cosas, de sabiduría, así como de tener en cuenta valores humanos. En general, cuanta más autonomía demos a los sistemas de IA más responsabilidad deberíamos exigir a sus diseñadores para asegurar que cumplan principios legales y éticos. Una IA no tiene ni objetivos ni deseos propios, su desarrollo involucra a personas en todas las fases, desde la concepción y diseño del algoritmo hasta su implementación, entrenamiento y despliegue. Si algo sale mal, la responsabilidad no es del algoritmo, sino nuestra. Todo esto hace que muchos expertos señalemos la necesidad de regular su desarrollo.

Pero, además de regular, es imprescindible educar a los ciudadanos sobre los beneficios y riesgos de las tecnologías inteligentes dotándolos de las competencias necesarias para controlarlas en lugar de ser controlados por ellas. Necesitamos futuros ciudadanos mucho más informados, con más capacidad para evaluar los riesgos tecnológicos, con mucho más sentido crítico y capaces de hacer valer sus derechos. Este proceso de formación debe empezar en la escuela y tener continuación en la universidad. En particular, es necesario que los estudiantes reciban una formación ética que les permita comprender mejor las implicaciones sociales de las tecnologías. Solo si invertimos en educación conseguiremos una sociedad que pueda aprovechar las ventajas de las tecnologías inteligentes minimizando sus riesgos.

12/100

INTELIGENCIA HÍBRIDA

La neurociencia aún nos puede decir muy poco sobre cómo el cerebro lleva a cabo capacidades cognitivas de nivel superior. Una región del cerebro que podría ser crucial para hacer avanzar la IA es el hipocampo. Las neuronas de esta región permiten al cerebro organizar el conocimiento de manera estructurada para que se pueda reutilizar para llevar a cabo una amplia variedad de tareas. En particular, nos permite hacer analogías con el pasado, reutilizar información previa en nuevos escenarios y ser dinámicos, flexibles y adaptables. Por lo tanto, el estudio del hipocampo proporcionaría conocimientos que, entre otras cosas, podrían ayudar a resolver el problema del denominado olvido catastrófico, es decir, la tendencia de las redes neuronales artificiales a olvidar la información aprendida previamente cuando aprenden algo nuevo.

Algunos expertos en IA insisten en que, más que centrarnos en replicar la actividad del cerebro a nivel de las neuronas, sería mejor estudiar los procesos cognitivos de alto nivel implicados en el aprendizaje y el razonamiento. La psicología tiene algunos modelos claros y bien validados de los procesos cognitivos de alto nivel que sustentan la inteligencia. Un ejemplo es el principio de composicionalidad, es decir, la idea de que entendemos las cosas en base a sus partes y las relaciones entre ellas. Esta idea, que sustenta el razonamiento humano, ha resultado ser muy difícil de implementar en redes neuronales artificiales. Posiblemente la mejor manera de implementar este principio sea mediante la IA simbólica, que ha sido el enfoque dominante en la segunda mitad del siglo XX. Como se ha mencionado, la IA simbólica se basa en teorías cognitivas que describen el pensamiento humano mediante la manipulación de símbolos. Diseñar IA simbólica implica generar formas estructuradas de representar conocimientos del mundo real y sus relaciones y desarrollar métodos de manera que un ordenador pueda procesar estos conocimientos para resolver problemas.

Resulta que muchos de los puntos fuertes de la IA simbólica pueden ayudar a superar los puntos débiles del aprendizaje basado en redes neuronales artificiales. Por ello, hay un interés creciente en integrar ambas aproximaciones mediante los llamados sistemas neurosimbólicos que intentan aprovechar la capacidad de las redes neuronales artificiales para reconocer patrones en grandes cantidades de datos (lo que se conoce como aprendizaje profundo), y complementarla con la capacidad de la IA simbólica para hacer razonamientos complejos aprovechando conocimientos preexistentes.

Esto está relacionado con lo que dice Daniel Kahneman en su libro *Thinking, fast and slow*. Kahneman divide la mente humana en dos grandes modos de pensamiento. El *sistema 1*, rápido, automático e intuitivo, que se encarga de dar sentido rápidamente al mundo que nos rodea, y el *sistema 2*, lento, analítico y lógico, que controla nuestra capacidad de razonar para resolver problemas complejos.

Cabe mencionar que esta idea está relacionada con la teoría de la *sociedad de la mente* de Marvin Minsky, que postula que la mente consta de muchos procesos cognitivos especializados que interactúan para crear un todo coherente. El resultado es un sistema conceptual formado por múltiples componentes especializados para diferentes tareas tanto del sistema 1 como del sistema 2. Al igual que en la mente humana, los agentes del sistema 1 se inician automáticamente tan pronto como la IA se enfrenta a una tarea. Un módulo metacognitivo global evalúa las soluciones de este sistema y, si no funcionan, incorpora un agente deliberativo del sistema 2. Los agentes del sistema 1 a menudo se basan en datos, mientras que los agentes del sistema 2 y el módulo metacognitivo se basan en conocimientos representados simbólicamente.

En definitiva, el estudio del comportamiento humano puede darnos pistas sobre los procesos cognitivos abstractos que necesitamos replicar con las máquinas, mientras que la neurociencia fundamental puede informarnos sobre los elementos básicos necesarios para construirlos de modo eficiente.

13/100

DE LA MAGIA A LA REALIDAD

Imaginemos que tuviéramos una máquina para viajar en el tiempo y transportáramos a Isaac Newton desde finales del siglo XVII hasta la actualidad, situándolo en un lugar que le resultara familiar, como la capilla del Trinity College, en la Universidad de Cambridge. Una vez allí, imaginemos que le mostramos un móvil de última generación y lo conectamos. Sin duda, él, que demostró que la luz blanca se descompone en colores al incidir un rayo de sol en un prisma, se sorprendería de que un objeto tan pequeño produjera colores tan vivos en la oscuridad de la capilla. Luego, hacemos sonar en el móvil una música que seguramente reconocería, por ejemplo, una ópera de Händel. A continuación, le mostramos en la pantalla su obra *Principia mathematica* y le enseñamos cómo ampliar el texto con dos dedos. Supongamos también que luego le mostramos cómo tomar fotos, grabar vídeos y sonido, hacer cálculos aritméticos con gran velocidad y precisión, contar los pasos que caminamos, guiarnos hacia nuestro destino y, por supuesto, hablar con alguien a miles de kilómetros. ¿Sería capaz Newton de dar una mínima explicación de cómo funciona este maravilloso dispositivo?

A pesar de ser una de las mentes más brillantes de la historia, ya que inventó el cálculo infinitesimal e integral, explicó tanto la óptica como la gravedad y formuló las leyes del movimiento de los cuerpos que revolucionaron la física, sería incapaz de dar una explicación mínimamente coherente. No podría distinguir este dispositivo de la magia. También podríamos preguntarnos ¿qué más se imaginaría Newton que este dispositivo puede hacer? ¿Creería que puede funcionar indefinidamente? —recordemos que vivió en una época 100 años anterior a Alessandro Volta, el inventor de la pila eléctrica—, ¿creería que puede transformar plomo en oro? —recordemos que la química de su época era la alquimia. Posiblemente sí, ya que tendemos a no ver los límites a lo que nos parece mágico. Este es uno de los problemas que tenemos a la hora de comprender tecnologías muy avanzadas. Ya lo dijo Arthur Clarke en los años 60: "Cualquier tecnología suficientemente avanzada no se puede distinguir de la magia." Con la IA pasa lo mismo. Parece que no haya límites en su potencial, pero en realidad la IA permanece estancada desde hace más de 50 años en una de las cuestiones más fundamentales: ¿cómo dotar de conocimientos de sentido común a las máquinas? Es una cuestión crucial si queremos lograr inteligencias artificiales de tipo general indistinguibles de la inteligencia humana.

Hasta hoy los investigadores en IA no hemos visto ningún indicio que nos lleve a poder afirmar que este problema pueda ser resuelto a corto plazo. De hecho, DARPA, la institución que más invierte en programas de investigación en los EE.UU., a finales de 2018 anunció el financiamiento, con dos mil millones de dólares, de un programa de investigación sobre cómo dotar de conocimientos de sentido común a las máquinas. Ya hemos dicho que la ausencia de conocimientos de sentido común imposibilita que un sistema de IA pueda comprender profundamente el lenguaje, pueda comprender lo que percibe a través de sus sensores, pueda gestionar bien situaciones imprevistas y pueda aprender a partir de la experiencia. Resolver el problema de la adquisición de sentido común supondría un gran avance para la IA, ya que abriría la puerta al desarrollo de inteligencias artificiales realmente generales, superando así las limitaciones de la IA actual, que, a pesar de lo que dicen los entusiastas de los grandes modelos de lenguaje al estilo GPT, de hecho, no son inteligencias artificiales generales.

ROBOTS POR TODAS PARTES

14/100

VEHÍCULOS AUTÓNOMOS: EMULANDO A KITT, EL COCHE FANTÁSTICO

Un vehículo autónomo es capaz de percibir su entorno y utilizar *software* de IA para desplazarse con poca o ninguna intervención humana. Los más avanzados deberían ser capaces de ir a cualquier lugar donde vaya un vehículo tradicional y hacer todo lo que hace un conductor humano experimentado. Las principales ventajas que se esperan de los vehículos autónomos son: menos accidentes, transporte más productivo, reducción de la congestión del tráfico y menos contaminación. Hay varios niveles de conducción automática:

Nivel 0: sin automatización. El conductor es totalmente responsable del control del vehículo. Los vehículos de nivel 0 pueden tener funciones de seguridad como cámaras traseras, avisos de punto ciego y avisos de riesgo de colisión.

Nivel 1: asistencia al conductor. En este nivel, los sistemas automatizados comienzan a tomar el control del vehículo en situaciones concretas y muy limitadas. Por ejemplo, el control de velocidad crucero o el frenado automático de emergencia.

Nivel 2: automatización parcial. El vehículo puede realizar funciones más complejas que combinan la dirección (control lateral) con la aceleración y el frenado (control longitudinal), gracias a una mayor percepción de su entorno.

Nivel 3: automatización condicionada. Los conductores podrán pasar el control al piloto automático, pero solo en situaciones específicas como a baja velocidad, en ciertos tipos de carreteras y condiciones meteorológicas. Se considera el nivel de entrada a la conducción autónoma. Este nivel es muy útil en atascos de tráfico, ya que el sistema lo gestiona todo de forma continua: aceleración, dirección y frenado. El vehículo también debe controlar el estado del conductor para asegurarse de que este retome el control cuando haga falta y, si es necesario, poder detenerse de manera segura si el conductor no lo hace.

Nivel 4: alta automatización. En este nivel, el sistema de conducción autónoma del vehículo es capaz de supervisar el entorno de conducción y gestionar todas las funciones de conducción para rutas y condiciones habituales. Sin embargo, puede necesitar, en ciertos casos, que un conductor intervenga. En estos casos, el vehículo puede avisar al conductor cuando haya, por ejemplo, una condición ambiental que requiera control humano, como lluvia o nevada intensa. Actualmente, muchas empresas automovilísticas tienen como objetivo a medio-largo plazo la comercialización masiva de vehículos de este nivel.

Nivel 5: automatización completa. Los vehículos de nivel 5 son totalmente autónomos. No se requiere ningún conductor en el volante. De hecho, es posible que en este nivel ni siquiera haya volante ni pedal de freno ni acelerador.

Los vehículos autónomos son tecnológicamente muy complicados, ya que dependen de sensores, actuadores, algoritmos sofisticados y procesadores potentes. Deben ser capaces de crear y mantener en tiempo real un mapa dinámico de su entorno, basado en la información proporcionada por una gran variedad de sensores situados en diferentes partes del vehículo. Los sensores de radar controlan la posición de los vehículos cercanos. Las cámaras de vídeo detectan los semáforos, reconocen las señales de tráfico, rastrean otros vehículos y peatones, detectan obstáculos, los márgenes de la carretera y los carriles. Los sensores basados en láser miden a qué distancia están los otros vehículos y objetos. Los sensores de ultrasonidos laterales detectan las aceras y también otros vehículos. Un *software* sofisticado procesa los datos que proporcionan todos estos sensores, planifica la trayectoria que debe seguir el vehículo y envía instrucciones a los actuadores del coche, que controlan la aceleración, el frenado y la dirección. Las normas de tráfico se codifican en el *software*.

Además de las complejidades técnicas, otro problema importante son las cuestiones éticas. Por ejemplo, qué hacer ante situaciones donde haya que decidir entre evitar atropellar a alguien o chocar contra un obstáculo poniendo en peligro la vida de los ocupantes del vehículo. En caso de accidente, habrá que averiguar las causas para determinar responsabilidades (¿fallo del *software?*, ¿de algún sensor?, ¿de la conexión a Internet?, ¿del conductor en los casos de los niveles por debajo del 5?). Además, debido a que serán vehículos conectados, el peligro de que un *hacker* secuestre el vehículo también es un aspecto importante que hay que resolver. Es por todo esto que algunos dudan de que el nivel 5 sea posible.

15/100

BASTONES LAZARILLO ROBOTIZADOS

Los llamados bastones blancos para ayudar a las personas con discapacidad visual a desplazarse se pusieron a disposición del público en la década de los treinta. A lo largo de los años se han creado numerosos dispositivos de ayuda para estas personas, como aplicaciones de teléfonos inteligentes para facilitar la comunicación y la navegación. Sin embargo, a pesar de la acumulación de inventos para ayudar a la población con discapacidad visual, el clásico bastón blanco no se había mejorado mucho.

Recientemente, expertos en robótica de la Universidad de Stanford han desarrollado un bastón blanco robotizado basado en IA que podemos denominar bastón aumentado. Esta versión nueva y mejorada del bastón blanco está equipada con funciones tecnológicamente avanzadas para un uso fácil y, además, se puede construir en casa, ya que se puede comprar en piezas para su montaje y viene con un *software* abierto para llevar a cabo sus funciones.

Este bastón blanco aumentado no es el primer intento de aplicar la IA a los bastones blancos. Sin embargo, ha sido diseñado con materiales más eficientes que lo hacen más asequible que anteriores innovaciones del bastón. De hecho, está equipado con *software* desarrollado para coches autónomos, así como con funcionalidades típicas de teléfonos inteligentes e incluso con tecnología óptica de teledetección que mide la distancia desde el bastón hasta cualquier objeto mediante el uso de un láser. Esto permite mejorar significativamente la capacidad de las personas con discapacidad visual de navegar y moverse por sí mismas, ya que este bastón blanco robotizado no solo detecta la presencia de obstáculos, sino que también identifica el tipo de obstáculo y ayuda al usuario a evitarlo. Además, con solo 1,4 kg, es mucho más ligero que otros bastones inteligentes desarrollados anteriormente.

Además del láser, el *software* de navegación utiliza un GPS para guiar al usuario hacia ubicaciones precisas, un magnetómetro que mide el campo magnético de la Tierra y puede situar dónde está el norte como una brújula, un giroscopio para medir y mantener la orientación en el espacio y un acelerómetro que mide los movimientos que se llevan a cabo tanto en el plano horizontal como vertical. Todos estos sensores permiten dirigir con precisión el movimiento, la velocidad y la posición del usuario. Por otro lado, también está equipado con una rueda motorizada omnidireccional en la punta del bastón que está en contacto con el suelo. Esta rueda conduce al usuario, tirando o empujando suavemente hacia la izquierda o la derecha, para evitar obstáculos imprevisibles. Los autores afirman que, en base a pruebas realizadas con personas con discapacidad visual, este bastón blanco aumentado es más fácil de usar en comparación con los anteriores bastones. En los experimentos llevados a cabo, permitió aumentar la velocidad de los usuarios con problemas de visión en aproximadamente un 20 por ciento en comparación con el bastón blanco estándar. En el caso de personas videntes que llevaban los ojos vendados, el uso del bastón aumentó su velocidad en un 35 por ciento. Se espera que el aumento de la velocidad de desplazamiento pueda mejorar la calidad de vida de los usuarios. Es un excelente ejemplo de uso beneficioso de la tecnología que puede ayudar a convivir con las discapacidades visuales con más seguridad.

16/100

ABEJAS DE SILICIO

La IA no solo se inspira en el comportamiento humano, sino también en el comportamiento de otros animales como primates, aves e insectos. Aunque aún hay mucho desconocimiento sobre los cerebros de animales complejos como los primates, en el caso de los insectos es más fácil recrear sus cerebros mediante *software*.

Por ejemplo, las abejas son extraordinariamente hábiles navegando por su entorno, pueden reaccionar ante situaciones nuevas y exhiben una amplia gama de comportamientos diferentes. Todo esto lo logran con solo aproximadamente un millón de neuronas en su pequeño cerebro. En comparación, las IA basadas en aprendizaje profundo necesitan muchos millones de neuronas artificiales para llevar a cabo una sola tarea.

En un artículo publicado en *Science Robotics* en junio de 2022, un grupo de científicos de la Universidad de Sheffield, en el Reino Unido, liderado por James Marshall, describen los resultados obtenidos realizando ingeniería inversa de parte del sistema visual y de secciones del cerebro relacionadas con el control del vuelo y la memoria de las abejas. Esto les ha permitido crear un dron totalmente autónomo controlado por un chip, o "cerebro de silicio", que controla el dron evitando obstáculos mientras vuela dentro del entorno del laboratorio donde ha sido construido. Esta solución es extraordinariamente eficiente, ya que utiliza alrededor del 1% de la potencia de cálculo que requiere un sistema basado en redes neuronales artificiales profundas, para hacer la misma tarea. Además, esta solución es 100 veces más rápida, lo que permite volar a mucha más velocidad. También es una solución mucho más robusta para enfrentar situaciones desconocidas, como es el caso con los cerebros reales.

Sistemas como este, donde los circuitos cerebrales se diseñan a partir de ingeniería inversa de los cerebros reales, deberían permitir desarrollar algoritmos mucho más eficientes y robustos para navegar en entornos muy complejos del mundo real. De alguna manera, podríamos decir que los robots se beneficiarán de los cientos de millones de años de evolución que han dado lugar a las sofisticadas capacidades de navegación de los cerebros biológicos.

17/100

IMITANDO EL VUELO DE INSECTOS

Los microrobots voladores típicamente usan motores y sistemas de transmisión complejos para batir las alas. El principal problema es que esta solución añade complejidad, demasiado peso y efectos dinámicos no deseados.

En un trabajo publicado en febrero de 2022 en la revista *Science Robotics*, investigadores de la Facultad de Ingeniería de Bristol, dirigidos por el profesor Jonathan Rossiter, han demostrado con éxito un sistema artificial de accionamiento directo, inspirado en el vuelo de los insectos, que logra mover las alas sin utilizar piezas ni engranajes giratorios. La solución presentada consiste en aplicar fuerzas electrostáticas directamente a las alas, en lugar de un sistema de transmisión complejo e ineficiente.

El nuevo sistema simplifica enormemente el mecanismo de aleteo permitiendo un mejor rendimiento, un diseño más sencillo, y más fácil de miniaturizar, lo que posibilitará desarrollar una nueva clase de microrobots voladores ligeros y de bajo coste. El mecanismo propuesto proporciona potencia suficiente para hacer volar el robot por una habitación a una velocidad de unos veinte centímetros por segundo. También han demostrado que el aleteo es estable y consistente durante más de un millón de ciclos. Esto permitirá llevar a cabo vuelos de largo recorrido para un amplio abanico de aplicaciones futuras, como la inspección autónoma de aerogeneradores, el monitoreo ambiental, la polinización de plantas y la localización de víctimas en edificios derrumbados.

18/100

ROBOTS ACUÁTICOS IMPULSADOS POR FOTOSÍNTESIS

Un grupo de científicos de la Universidad de West England, liderados por Neil Phillips, se propuso el desafío de construir un robot que pudiera propulsarse únicamente mediante procesos biológicos, es decir, sin dispositivos electrónicos ni motores, evitando así que los campos electromagnéticos asociados a estos dispositivos produjeran interferencias en los sensibles instrumentos de medición que equipan a los robots. La solución, publicada en enero de 2022 en la revista *Biological Engineering*, consistió en construir un robot insertando un tipo de algas, denominadas *Marimo* (que crecen formando grandes bolas verdes), dentro de una carcasa esférica de plástico impresa en 3D y provista de orificios. Cuando se sumergió la carcasa esférica en el agua y se expuso a la luz, la bola de algas produjo oxígeno mediante la fotosíntesis, que al salir por los orificios propulsó la cáscara alejándola de la luz.

El robot puede llevar instrumentos de medición básicos y navegar superando los obstáculos que encuentra en su entorno. El hecho de que no se pueda dirigir manualmente lo hace inadecuado para tareas que requieran trayectorias complejas, pero se puede utilizar para tareas sencillas, como medir la calidad o la temperatura del agua en diferentes zonas.

Es un robot mucho más simple, fácil de fabricar y más barato que otros robots que se basan en la fotosíntesis para generar movimiento pero que también necesitan cables de alimentación en lugar de ser alimentados por un organismo biológico completo encapsulado en una carcasa. Si es necesario, este robot se puede configurar en forma cilíndrica para proporcionar un movimiento recto o acoplar varios robots para formar una estructura más grande. También se podría aumentar el diámetro del robot. Esto le permitiría superar irregularidades más grandes en la topología de la superficie. Además, la carcasa se puede hacer de plástico bio-degradable para evitar daños a largo plazo al medio ambiente, en el caso poco probable de que el robot se perdiera y no se pudiera recuperar.

Además de las aplicaciones ya mencionadas, puede ser útil en otras aplicaciones en las que la velocidad de operación no es imprescindible, pero la longevidad del dispositivo sí. Por ejemplo, estudios y control de bancos de peces o estudios ecológicos.

19/100

TROPEZANDO SE APRENDE A CAMINAR

Muchos animales aprenden a caminar rápidamente debido a la necesidad de evitar a los depredadores tan pronto como sea posible. Todos los animales vertebrados nacen con redes neuronales situadas en la médula espinal para la coordinación muscular. Sin embargo, la precisión en la coordinación de los músculos y tendones de las extremidades requiere un tiempo de aprendizaje. Inicialmente, los reflejos básicos en la médula ayudan al animal a controlar los movimientos para evitar caerse y hacerse daño durante los primeros intentos de caminar. Luego, el animal debe lograr un control muscular más avanzado y preciso para que el sistema nervioso se adapte correctamente a los músculos y tendones de las extremidades y deje de tropezar incontroladamente.

Investigadores del Instituto Max Planck de Sistemas Inteligentes (MPI-IS) en Stuttgart publicaron, en julio de 2022, en la revista *Nature Machine Intelligence*, los resultados de una investigación que ha permitido saber más sobre cómo los animales aprenden a caminar a partir de los tropiezos. Para hacerlo, construyeron un robot de cuatro patas, del tamaño de un perro, que aprende a caminar aprendiendo de los errores. Si un animal tropieza una vez no significa necesariamente que no sepa caminar, pero si tropieza con cierta frecuencia entonces eso proporciona una medida de lo bien que camina. Esta medida se aplicó al robot durante el proceso de aprendizaje. Después de aprender a caminar en solamente una hora, se comprobó que el robot cuadrúpedo hacía un buen uso de la compleja mecánica de sus patas. Un algoritmo de optimización guía el aprendizaje: el robot aprende a caminar comparando continuamente los datos reales generados por los sensores, que lleva en los pies, con los datos que debería haber generado si caminara correctamente. Es decir, mide los errores que comete al caminar. A continuación, el algoritmo de aprendizaje adapta unos parámetros de control del algoritmo para reducir progresivamente estos errores. Si el robot tropieza, el algoritmo de aprendizaje cambia el comportamiento de caminar, es decir, modifica la amplitud de las oscilaciones de las patas hacia adelante y hacia atrás, la rapidez con que lo hacen y cuánto tiempo está cada pie en contacto con el suelo, para que el robot tropiece menos y optimice su marcha.

El ordenador que controla todo el proceso consume solo cinco vatios de potencia durante el proceso de caminar. Los robots cuadrúpedos industriales de fabricantes destacados, que se desplazan con la ayuda de controladores complejos, llegan a consumir cientos de vatios de potencia. Sus controladores están programados en base al conocimiento de la masa exacta y la geometría del cuerpo del robot, es decir, se basan en un modelo físico del robot. Ambas aproximaciones para lograr que un robot aprenda a caminar funcionan de manera dinámica y eficiente, pero el consumo de energía es mucho mayor con el enfoque basado en controladores complejos que funcionan en base a un modelo del cuerpo del robot.

Los investigadores argumentan que no se pueden estudiar fácilmente los mecanismos internos en la médula espinal de un animal vivo, pero en el caso de los robots se puede modelar matemáticamente y experimentar para ver cómo funciona. Esto puede proporcionar información útil sobre el funcionamiento de la médula espinal cuando coordina los movimientos de los músculos y tendones de las extremidades. Este es, por lo tanto, un buen ejemplo de investigación fundamental en la intersección entre la robótica y la biología. Los modelos robóticos pueden, sin duda, ayudar a encontrar respuestas a preguntas que la biología sola no puede responder.

20/100

EMULANDO A FORREST GUMP

En una magnífica escena de la película *Forrest Gump*, el actor protagonista, Tom Hanks, aprende a jugar al tenis de mesa mientras se está recuperando de una herida de bala que sufrió en la guerra de Vietnam. Rápidamente logra dominar este deporte, fascinando a todos con su increíble perfección. Esto hace que pase a formar parte de una selección de los mejores jugadores de los EE.UU. para ir a jugar a China en el marco de una iniciativa diplomática para mejorar las relaciones entre EE.UU. y China.

Cabe decir que la empresa de efectos especiales Industrial Light and Magic (ILM) utilizó su magia de efectos visuales para mostrar cómo Forrest Gump juega con absoluta perfección. Efectivamente, a Tom Hanks solo le bastó aprender a golpear al aire con la raqueta con movimientos correctos y, posteriormente, los ingenieros de ILM agregaron la pelota mediante imágenes generadas por ordenador. El sitio web de ILM incluye esta escena entre los efectos visuales más innovadores de la película. Si *Forrest Gump* se hubiera filmado ahora, en lugar de agregar una pelota generada por ordenador, los ingenieros de ILM quizá tendrían la alternativa de filmar un robot golpeando realmente una pelota con la paleta y posteriormente sustituirlo por las imágenes del actor.

A finales de 2021, Yapeng Gao, Jonas Tebbe y Andreas Zell, de la Universidad de Tübingen, publicaron, en *arXiv.org*, un trabajo donde describían detalladamente cómo habían logrado que un brazo robótico jugara al tenis de mesa a un alto nivel. Explican que comenzaron con una simulación por ordenador en la que un brazo robótico virtual intentaba devolver la pelota en una mesa de tenis también virtual. El objetivo de esta simulación era que un algoritmo de aprendizaje por refuerzo, basado en ensayo y error, pudiera aprender cómo la velocidad y la orientación de la raqueta afectan la trayectoria de la pelota. Después de que este algoritmo aprendiera a devolver la pelota de manera eficiente, los investigadores lo utilizaron para controlar el movimiento del brazo de un robot real jugando a tenis de mesa con una pelota real. El sistema utilizaba dos cámaras para hacer un seguimiento preciso de la posición de la pelota cada 7 milisegundos. El algoritmo procesaba las imágenes en tiempo real y decidía hacia dónde mover el brazo robótico para golpear y devolver la pelota con gran precisión.

Todo el proceso de aprendizaje, incluido el entrenamiento del algoritmo en la simulación virtual, duró solo 90 minutos, demostrando la rapidez con que estos algoritmos pueden aprender. Sin embargo, aunque el robot demostró un buen rendimiento contra jugadores humanos, sorprendentemente tenía más dificultades con pelotas lentas que con pelotas rápidas. Según los autores del sistema, el motivo es que, si una pelota llegaba lenta a la paleta, el robot debía golpearla con más fuerza para devolverla y, al hacerlo, disminuía la precisión del golpe. En general, sin embargo, los resultados demostraron que el robot es capaz de responder bien a una amplia variedad de servicios por parte del contrario y de golpear la pelota de manera que no solo supere la red sino que rebote sobre la mesa en posiciones difíciles de predecir gracias a una estrategia aleatoria que dificultaba la respuesta del jugador contrario.

Según los autores, también fue interesante observar que, a veces, el robot tenía problemas en algunos tiros debido a las limitaciones mecánicas del propio robot y no por deficiencias del algoritmo. Por ejemplo, tenía dificultades para golpear la pelota con efecto (es decir, provocando una rotación rápida de la pelota) debido a que el brazo robótico no podía sujetar la raqueta con el ángulo adecuado para realizar estos golpes. Pero, a pesar de estos problemas, no hay duda de que el robot consiguió alcanzar un muy buen nivel de juego. ¡No sería nada extraño que a medio plazo hubiera un jugador robótico de tenis de mesa imbatible!

21/100

MANOS CON SEIS DEDOS

Los humanos desde hace tiempo estamos fascinados por la idea de aumentar nuestras capacidades intelectuales, sensoriales y motoras. Estos aumentos no solo dependen de las innovaciones científicas y tecnológicas, sino también de la capacidad de nuestro cerebro para aprender a adaptarse a dispositivos incorporados a nuestro cuerpo. Por ejemplo, ¿qué podríamos hacer que ahora no podemos hacer o qué podríamos hacer mejor si tuviéramos más dedos en las manos? ¿Cómo podría afectar esto a nuestro cerebro?

En un artículo publicado en mayo de 2021 en la revista *Science Robotics*, Danielle Clode y sus colaboradores del University College de Londres describen un experimento consistente en colocar una prótesis de pulgar, sujeta a la muñeca justo por debajo del dedo meñique, a 36 personas voluntarias y estudiar así el aumento de las capacidades motoras de la mano. Todas eran diestras y llevaban la prótesis en la mano derecha. El movimiento del pulgar robótico estaba controlado por sensores conectados a los dedos gordos de los pies del usuario y las señales de control se enviaban mediante tecnología inalámbrica colocada en la muñeca y el tobillo. Mediante el movimiento de los dedos de los pies, los participantes podían mover el pulgar en diferentes direcciones, así como sujetar y presionar objetos.

Durante cinco días, se pidió a los participantes que utilizaran el pulgar tanto en entornos de laboratorio como en su hogar durante unas tres horas cada día. La idea era desafiarlos a completar tareas normalmente bimanuales utilizando solo la mano aumentada y examinar su capacidad para desarrollar interacciones mano-robot. Algunos participantes sujetaban una taza de café mientras los dedos índice y medio de la misma mano lo removían con una cuchara. Otros participantes usaban el pulgar para pasar las páginas de un libro que tenían agarrado con la misma mano. Otros pelaban un plátano e incluso uno lo usó para tocar la guitarra produciendo sonidos que habrían sido mucho más complicados de hacer sin el dedo adicional.

Los investigadores se preguntaron si el uso prolongado del pulgar adicional podía afectar la forma en que los sistemas sensor y motor del cerebro controlarían los otros dedos. Dicho de otra manera, ¿puede nuestro cerebro hacer frente a prótesis que alteran y extienden nuestras capacidades motoras? Para estudiar esto, los investigadores realizaron resonancias magnéticas del cerebro de cada participante antes y después del experimento. Los resultados del estudio muestran que después del experimento con el pulgar adicional el cerebro percibía los dedos como más similares entre sí que antes del experimento. Es decir, que el uso del tercer pulgar debilitó las sinergias cinemáticas naturales de la mano biológica. También observaron un aumento del sentido de la encarnación del pulgar robótico. En consecuencia, el aumento de la capacidad motora influyó en aspectos clave de la representación cerebral de la mano y su control motor.

Una semana más tarde, algunos de los participantes regresaron para una tercera resonancia magnética y se observó que el efecto de los cambios cerebrales había comenzado a desaparecer. Un hecho bastante sorprendente fue la rapidez con la que los participantes lograron el control motor del tercer pulgar con un considerable nivel de destreza y coordinación, incluso cuando se aumentaba el esfuerzo cognitivo en tareas complejas o cuando la visión del dedo estaba obstruida.

En resumen, los resultados demuestran que el aumento de las habilidades motoras de las manos se puede lograr bastante fácilmente. Sin embargo, este aumento puede conllevar cambios en la representación cerebral de las manos. Estas consecuencias neurocognitivas son importantes de cara a la posible implementación exitosa de futuras tecnologías que aumenten nuestras capacidades motoras.

22/100

PELANDO PLÁTANOS

Pelar fruta blanda es un desafío para los robots debido a que no tienen la destreza y el sentido del tacto suficientemente afinados como para manipular objetos delicados y deformables sin destruirlos. La forma irregular de la fruta, que puede variar significativamente incluso en un mismo tipo de fruta, también puede confundir a los algoritmos de visión por computador que controlan los movimientos de las manos de estos robots.

Investigadores de la Universidad de Tokio, liderados por Heecheol Kim, han desarrollado un sistema de aprendizaje automático para controlar los movimientos de un robot mientras agarra objetos con dos manos de dos dedos cada una. Para lograrlo, el robot fue entrenado mediante un proceso de imitación. Es decir, observando a un humano pelar cientos de plátanos, generando así más de trece horas de datos de demostración para que el robot aprendiera a hacerlo por sí mismo. La tarea se dividió en nueve etapas, desde tomar el plátano de la mesa con una mano, agarrar una de las puntas con la otra mano, hasta efectuar los múltiples movimientos necesarios para pelarlo correctamente.

Para movimientos amplios, que implican poco riesgo de dañar el plátano, el modelo de aprendizaje automático planifica una trayectoria imitando lo que hace un humano sin demasiadas dificultades. Pero cuando se necesita manipular el plátano con mucha precisión, el sistema debe ser capaz de reaccionar respondiendo a cambios inesperados debidos a las posibles deformaciones del plátano durante su manipulación.

Una vez finalizado el entrenamiento, el robot pudo pelar plátanos correctamente en un 57% de los intentos. Todo el proceso dura aproximadamente 3 minutos. Los resultados se han publicado en marzo de 2022 en el repositorio de artículos *arXiv.org*.

Los investigadores afirman que su enfoque es eficiente porque utiliza trece horas de datos de entrenamiento en lugar de las cientos o miles de horas que requieren otras técnicas de aprendizaje por imitación. A pesar de esta reducción de horas de entrenamiento, todavía se necesita un gran número de costosas GPU (unidades de procesamiento gráfico).

Sería interesante ver si el robot es capaz de manipular frutas con formas más complejas que requieran un control motor mucho más fino. La tarea de pelar frutas blandas y deformables es un buen ejemplo de aplicación para avanzar en la resolución del difícil problema de dotar de un gran nivel de destreza a los robots. Es decir, llevar a cabo tareas que requieren habilidades motoras muy finas como abotonar una camisa o atar los cordones de los zapatos.

23/100

¿ESTÁ DEMASIADO SALADA LA TORTILLA?

La percepción del gusto es un proceso complejo que ha evoluciona-do a lo largo de millones de años: el aspecto, el olor, la textura y la temperatura de los alimentos afectan la manera en que percibimos el gusto; la saliva producida durante la masticación ayuda a trans-portar los compuestos químicos de los alimentos a los receptores gustativos principalmente en la lengua, y las señales de estos re-ceptores se transmiten al cerebro. Una vez que nuestro cerebro es consciente del sabor, decidimos si disfrutamos de la comida o no.

Un chef robot ha sido entrenado para probar alimentos en di-ferentes etapas del proceso de masticación para evaluar si están suficientemente condimentados. Trabajando en colaboración con un fabricante de electrodomésticos, investigadores del Labora-torio de Robótica Bioinspirada de la Universidad de Cambridge, dirigidos por el profesor Fumiya Iida, entrenaron a un chef robot para evaluar el grado de salinidad de un plato en diferentes etapas del proceso de masticación, imitando un proceso similar al de los humanos. Los resultados podrían ser útiles en el desarrollo de la preparación automatizada de alimentos, ayudando a los robots a aprender qué está bueno y qué no lo está.

Cuando masticamos los alimentos, notamos un cambio en la textura y el sabor. Por ejemplo, morder un tomate fresco en pleno verano liberará jugos y, a medida que masticamos, liberando tanto saliva como enzimas digestivas, nuestra percepción del sabor del tomate cambiará. El chef robot, que fue entrenado para hacer tor-tillas basándose en los comentarios de catadores humanos, probó nueve variaciones diferentes de un plato sencillo de huevos revuel-tos y tomates en tres etapas diferentes del proceso de masticación, y elaboró mapas de gusto de los diferentes platos.

Los investigadores encontraron que este enfoque de probar alimentos durante el proceso de elaboración mejora significativamente la capacidad del robot para evaluar, de manera rápida y precisa, la salinidad del plato en comparación con otras tecnologías que solo prueban una única muestra en un momento dado, pero no durante el proceso de preparación. Los resultados se publicaron a principios de 2022 en la revista *Frontiers in Robotics & Artificial Intelligence*.

Para imitar el proceso humano de masticación y degustación, los investigadores conectaron un sensor de salinidad a un brazo robótico. Prepararon huevos revueltos y tomates, variando el número de tomates y la cantidad de sal de cada plato. Para imitar el cambio de textura provocado por la masticación, el equipo colocó la mezcla de huevos, tomates y sal en una batidora e hizo que el robot volviera a probar el plato. Las diferentes lecturas del sensor de salinidad en diferentes fases de "masticación" produjeron mapas de gusto para cada plato.

Aunque el trabajo llevado a cabo es todavía una prueba de concepto, los investigadores dicen que, mediante la emulación de los procesos humanos de masticación y degustación, los robots podrán personificar la producción de alimentos ajustándolos a los gustos de cada individuo.

Cuando un robot está aprendiendo, necesita indicaciones de si lo está haciendo bien o no con el fin de disminuir los errores que comete. Según los investigadores, en este experimento, el robot pudo ir ajustando los errores de sus percepciones gustativas a medida que "masticaba", lo que mejoró su capacidad de degustar.

El desarrollo de chefs robóticos podría, en el futuro, ser una ayuda para personas que no tienen tiempo o ningún interés en cocinar. Este resultado es un paso adelante hacia la cocina robotizada, mediante el uso de algoritmos de aprendizaje automático profundo que permitirán que los chefs robots ajusten los platos a los gustos de los diferentes usuarios.

En el futuro, los investigadores de este trabajo pretenden mejorar este chef robot para que pueda probar diferentes tipos de alimentos y mejorar las capacidades de detección para extenderlas a alimentos dulces o grasos.

24/100

¿QUÉ HORA ES?

Leer la hora en un reloj analógico es sorprendentemente difícil para los ordenadores; de hecho, es otro ejemplo de lo que se conoce como la paradoja de Moravec. Esta paradoja señala que muchas tareas que parecen fáciles para nosotros son, de hecho, muy complicadas para las máquinas y viceversa. Últimamente, sin embargo, gracias a un nuevo método de visión por computador basado en IA, leer la hora en un reloj analógico se puede hacer con bastante precisión.

La visión por computador ha podido leer la hora de los relojes digitales simplemente mirando los números que se muestran en la pantalla, pero los relojes analógicos son mucho más difíciles debido a varios factores que dificultan la identificación de las agujas, como la variación en su diseño y la forma en que las sombras y los reflejos pueden hacerlas difícilmente perceptibles. Un grupo de investigadores de la Universidad de Oxford, liderados por el profesor Andrew Zisserman, ha desarrollado un sistema que puede leer relojes analógicos, logrando alrededor del 80% de precisión cuando se ha probado con más de 4.000 imágenes de relojes. Esta precisión ha sido posible entrenando un modelo de visión artificial en base a imágenes generadas por ordenador de relojes vistos desde diferentes ángulos. Estas imágenes, junto con la información de la hora correcta que marcaban los relojes, se utilizaron para entrenar una red neuronal espacial, que tiene la particularidad de poder deformar una imagen tomada en cualquier ángulo para poder ver el reloj de frente. Este tipo de red raramente había funcionado cuando se le mostraban fotos de relojes desde diferentes ángulos porque deformaba las imágenes de manera incorrecta, pero ahora, usando imágenes de relojes generadas por ordenador en lugar de fotos, se ha podido resolver el problema y deformar las imágenes correctamente. Los resultados fueron publicados en el congreso IEEE/CVPR Conference on Computer Vision and Pattern Recognition en 2022.

El modelo también se entrenó con un conjunto de vídeos mostrando las agujas de los relojes en movimiento durante diversos intervalos de tiempo. Esto permitió mejorar aún más la precisión. Cuando el modelo fallaba, normalmente era porque confundía las agujas de los minutos con las de las horas cuando tenían una longitud similar. Aunque leer los relojes puede parecer una tarea bastante innecesaria para un ordenador, el concepto subyacente se puede utilizar con cualquier tipo de pantalla analógica de visualización. En particular pantallas de instrumentos científicos para, por ejemplo, desarrollar robots asistentes en tareas relacionadas con experimentos científicos.

25/100

MÁQUINAS SEXUALES

¡Ya están aquí! Y parecen cada vez más reales. ¿Estamos preparados? Nos referimos a los robots sexuales o *sexbots*. Los robots sexuales llaman la atención por el propósito para el que están creados. No están aquí para proporcionar información, reproducir canciones ni recordarnos aniversarios. Están aquí para tener relaciones sexuales lo más reales posible con sus usuarios.

Real Dolls fue una de las primeras empresas en comercializar, en 2018, robots sexuales. Estos primeros modelos eran bastante reales, aunque sin capacidad de movimiento, sensores ni habla. Se trataba de robots (masculinos y femeninos) puramente estáticos, aunque hechos de materiales flexibles que permitían que el usuario los colocara en la posición deseada. Los precios eran de aproximadamente 2.000 euros. Los más recientes, como Harmony, son más avanzados y están equipados con IA. Esto significa que también pueden interactuar verbalmente con los usuarios como lo hacen los asistentes personales tipo Siri. Pueden adoptar hasta 20 posiciones diferentes y ejecutar algunos movimientos de forma autónoma. Se puede elegir entre 4 tonos de voz diferentes e incluso que giman. También se puede personalizar el color del cabello, el color de la piel y el tamaño de todo lo que importa desde el punto de vista sexual. En el caso de los robots más avanzados, es posible configurar la "personalidad" que prefiera el usuario: divertida, malhumorada, celosa, insegura, servicial, alegre, parlanchina, etc. El robot sexual cambia el comportamiento en consecuencia y esto lo diferencia de otros tipos de asistentes personales. Los precios de robots como Harmony ya alcanzan los 10.000 euros.

Los robots sexuales han sido protagonistas de libros de ficción como *FranKissStein*, de Jeanette Winterson, o *Máquinas como yo*, de

Ian McEwan. *FranKissStein* es una brillante novela donde los personajes y las historias se relacionan entre sí a través de los siglos. Un relato de amor, amistad y tecnología, que sacude las ideas clásicas sobre sexualidad. En *Máquinas como yo*, Ian McEwan recurre al antiguo concepto del triángulo amoroso, donde en este caso uno de los vértices del triángulo es un androide, para plantear cuestiones como si podemos sentir celos de un androide o si un androide, con un alto grado de inteligencia, puede enamorarse o enamorar y cuáles serían sus consecuencias éticas.

Theodore, el protagonista de la película *Her*, inicia una relación con Samantha, una encantadora asistente digital, es decir, no corpórea. A medida que avanza la película, la relación se vuelve cada vez más profunda hasta el punto de que Theodore se enamora de Samantha. La pregunta en este caso también es si nos podemos enamorar de un *software* que transmita afectividad como Samantha, aunque no tenga un cuerpo.

Algunos estiman que el mercado de los robots sexuales superará los 40.000 millones de dólares en 2025. Sin embargo, hay bastante controversia sobre las derivadas éticas de estos robots. Uno de los argumentos de los que se oponen es que perpetúan y acentúan los viejos estereotipos de mujer objeto. Los defensores argumentan que personas que sufren soledad, discapacidad, enfermedades, o personas mayores, etc., deberían poder satisfacer sus necesidades sexuales y que estos robots podrían ser una alternativa viable cuando la compañía humana no es posible.

Libros como *Weapons of math destruction*, de Cathy O'Neil, ya mostraron el lado oscuro de la IA. Los robots sexuales han llegado para quedarse, ya que los intereses comerciales son muy poderosos. Por lo tanto, es necesario analizar sus consecuencias éticas, sociales y psicológicas con el fin de evitar daños y minimizar riesgos.

26/100

EVOLUCIÓN ROBÓTICA

Hace más de 30 años, el biólogo evolutivo John Maynard Smith dijo lo siguiente:

> Hasta ahora, solo hemos podido estudiar un sistema en evolución, el de la vida en la Tierra. Descubrir otros a través de vuelos interestelares sería una espera demasiado larga. Por lo tanto, si queremos estudiar generalizaciones de los sistemas evolutivos, tendremos que intentar construirlos artificialmente.

Hoy, el proyecto Evolución de Robots Autónomos (ARE, por sus siglas en inglés) está asumiendo este desafío. Los experimentos robóticos se pueden llevar a cabo en condiciones controlables y pueden ser validados mediante repeticiones, algo muy difícil de lograr cuando se trabaja con organismos biológicos. La evolución de los robots también puede ser más rápida que en muchos sistemas biológicos, lo que permite probar ideas más rápidamente. Pero la verdadera ventaja es que los robots permiten a los investigadores hacer cosas que la naturaleza no puede hacer, como dotar a un robot de dos "cerebros" y manipular el "lenguaje genético", es decir, el código que describe cómo debe formarse un robot. Por ejemplo, cuando dos robots se "aparean", se pueden controlar las reglas que rigen cómo se recombinan sus genomas virtuales para producir "descendencia".

El estudio de la evolución robótica también podría proporcionar nuevos conocimientos sobre los procesos que impulsan, o limitan, la evolución. La descendencia producida por el apareamiento de especies diferentes conduciría, según los biólogos, a un callejón sin salida. El proyecto ARE ofrece una manera ideal de investigar esto porque, a diferencia de la naturaleza, existe la posibilidad de que "especies" muy diferentes se reproduzcan: por ejemplo, los robots con patas pueden "reproducirse" con los robots con ruedas. Los biólogos apenas están comenzando a descubrir la importancia de la hibridación para la evolución y los estudios con robots podrían ser útiles para acelerar nuestra comprensión, con implicaciones prácticas para la biodiversidad y la conservación.

El proyecto ARE también se espera que pueda arrojar nueva luz sobre otra propiedad fundamental de la evolución: la selección natural. La evolución biológica está impulsada exclusivamente por la necesidad de sobrevivir y reproducirse, con una selección de pareja basada en propiedades físicas o de comportamiento observables. La evolución artificial, en cambio, puede ser impulsada por objetivos definidos por los investigadores, como la necesidad de que los robots sean eficientes energéticamente o tengan una huella de carbono baja. Los estudios pueden explorar cómo esta selección guiada afecta la eficiencia del proceso evolutivo, o si imponer objetivos específicos limita la creatividad esencial de la evolución. Como dice la ecóloga evolutiva Jacintha Ellers, de la Universidad Libre de Ámsterdam, la evolución robótica ofrece infinitas posibilidades para modificar el sistema. Y agrega: "Podemos crear nuevos tipos de criaturas y ver cómo funcionan bajo diferentes presiones selectivas."

El potencial de esta investigación es grande, pero también corremos el riesgo de que las cosas se descontrolen, creando robots con comportamientos no deseados que podrían causar daños materiales y humanos. Debemos pensar en esto ahora, mientras la tecnología aún se está desarrollando, dice Emma Hart, de la Universidad de Napier de Edimburgo y líder del proyecto. Limitar la disponibilidad de materiales para fabricar nuevos robots podría disminuir el riesgo. También podríamos prever comportamientos no deseados supervisando continuamente el proceso evolutivo y los robots evolucionados resultantes, y luego utilizar esta información para predecir problemas futuros. Pero lo más importante es tener la capacidad de detener todo el proceso. La solución más obvia y efectiva es que haya un supervisor humano que pueda activar un interruptor de parada de emergencia. Es decir, tener claro que la evolución de robots autónomos no es lo mismo que la evolución autónoma de robots. ¿Qué pensaría Darwin de todo esto?

MACHINAS AD SANITATIS

27/100

AYUDANDO A TOMAR DECISIONES MÉDICAS

Un área de aplicación que históricamente ha sido clave en el desarrollo de la IA, y que sigue siendo una de las más importantes en la actualidad, es la medicina. Una de las técnicas de IA históricamente más importantes en aplicaciones médicas son los sistemas expertos de ayuda a la toma de decisiones. Actualmente, esta técnica se utiliza regularmente en hospitales y centros médicos de todo el mundo. Uno de los más conocidos es Athena, un sistema de ayuda a la toma de decisiones que asiste a los médicos en la gestión de pacientes con problemas de hipertensión. Athena procesa los datos clínicos de cada paciente y, basándose en conocimientos sobre hipertensión, produce una serie de recomendaciones sobre cómo gestionar mejor la atención clínica personalizada. Otra aplicación muy importante es el sistema Gideon de ayuda al diagnóstico de un total de 337 enfermedades infecciosas específicas de cada uno de los 224 países de su base de datos. La base de conocimientos cubre 1.147 taxones microbianos y 306 agentes antibacterianos y vacunas. La información que procesa también incluye, entre otras cosas, más de 20.000 imágenes, gráficos y mapas interactivos. Todo esto permite alcanzar más del 94% de diagnósticos correctos y lo convierte en uno de los sistemas más utilizados en el ámbito de la medicina.

Más recientemente, las técnicas de aprendizaje profundo han irrumpido con fuerza en la medicina y, en particular, en la medicina basada en la evidencia. En poco tiempo, su uso se ha extendido enormemente y se han logrado resultados espectaculares. Comentaremos brevemente un par de casos de éxito: analizando grandes cantidades de muestras de células mamarias cancerosas, investigadores de la Universidad de Stanford descubrieron tres nuevos indicadores para evaluar con mayor confianza la probabilidad de que una biopsia de células mamarias pueda resultar positiva. Por otro lado, científicos de la Universidad Carnegie Mellon, en colaboración con cuatro hospitales de Chicago, desarrollaron un sistema capaz de predecir infartos con cuatro horas de anticipación en pacientes ingresados en UCI gracias a haber analizado el historial de 133.000 pacientes, mejorando en más de tres horas los tiempos de predicción de los cardiólogos. Este *software* fue entrenado con datos correspondientes a 72 parámetros presentes en el historial clínico de los pacientes, incluyendo datos vitales, edad, glucemia y recuentos de plaquetas.

También en biología molecular y en farmacología la IA se está aplicando con éxito. Por ejemplo, muchos fármacos tienen efectos secundarios inesperados que pueden resultar muy beneficiosos. Un ejemplo es la viagra, que, aunque inicialmente se desarrolló para controlar la hipertensión, resultó ser muy efectiva para tratar la disfunción eréctil; o la lovastatina, un efectivo tratamiento para hipercolesterolemia, que resultó ser un potente antibiótico. Pues bien, en lugar de esperar a que estos efectos secundarios beneficiosos se descubran por casualidad, investigadores en farmacología aplican técnicas de IA para predecir qué fármacos ya existentes podrían tener otros usos terapéuticos, y en particular predecir las propiedades antibióticas de estos fármacos con el consiguiente ahorro de tiempo que esto supone en el largo proceso necesario para conseguir la aprobación de un nuevo fármaco.

Es importante señalar que estos sistemas se denominan *sistemas de ayuda a la toma de decisiones* porque son herramientas al servicio de los profesionales de la medicina. Es decir, no se trata de sustituir a estos profesionales. Los médicos son los únicos responsables de sus decisiones y solo ellos tienen los conocimientos necesarios para dar las explicaciones pertinentes. De hecho, las técnicas basadas en aprendizaje profundo son cajas negras, es decir que no pueden dar explicaciones ni de cómo ni por qué han llegado a las conclusiones que proponen. Esto los inhabilita para funcionar de manera completamente autónoma y también puede limitar su aceptación por parte de muchos profesionales de la medicina. Añadir capacidad explicativa a estos sistemas es, actualmente, un tema de investigación muy activo en IA.

28/100

LUCHANDO CONTRA BACTERIAS Y VIRUS

La IA está acelerando la investigación científica ayudando, por ejemplo, a los científicos a mantenerse mejor informados sobre la enorme cantidad de publicaciones y datos de naturaleza científica que aparecen continuamente. En el futuro, la IA incluso podrá formular hipótesis y planificar experimentos para corroborarlas o descartarlas de acuerdo con el método científico. Corroborar o descartar hipótesis es fundamental para el descubrimiento científico. Formular hipótesis puede ser un proceso muy laborioso. La IA puede ser útil en varias etapas de este proceso. Por ejemplo, en el descubrimiento de fármacos, el cribado de alto rendimiento puede evaluar muchos millones de moléculas, y los algoritmos pueden priorizar qué moléculas investigar experimentalmente. De hecho, en mayo de 2023, un equipo de científicos de distintas universidades, liderados por Gary Liu, publicaron un artículo, en la revista *Nature Chemical Biology*, que describía un sistema basado en aprendizaje profundo que ha contribuido a descubrir un nuevo antibiótico dirigido a un patógeno, *Acinetobacter baumannii*, que mostraba una elevada resistencia a múltiples fármacos. El equipo de Liu analizó alrededor de 7.500 moléculas en busca de aquellas que inhibían *in vitro* el crecimiento de *A. baumannii*. Entrenaron una red neuronal profunda con este conjunto de datos de moléculas inhibidoras del crecimiento de este patógeno y realizaron predicciones *in silico* para moléculas nuevas activas contra *A. baumannii*. Gracias a este proceso, descubrieron un compuesto antibacteriano, llamado abaucina, capaz de controlar la infección provocada por el *Acinetobacter baumannii*.

La pandemia de la covid-19 ha incentivado mucha investigación basada en técnicas de IA. Por ejemplo, la empresa Bluedot afirmó que detectó indicios del nuevo virus después de analizar mediante un sistema de IA informes de hospitales de Wuhan a finales de diciembre de 2019. Sin embargo, Bluedot clasificó la gravedad de la alerta en el nivel 3, sobre un máximo de 5, es decir, no detectó la extrema gravedad del brote. La inteligencia humana fue fundamental para evaluar la gravedad real y provocar así la respuesta de la comunidad internacional algunos días más tarde. Bluedot utiliza algoritmos que se basan en detectar palabras clave en textos en línea, pero no realizan un análisis semántico profundo de los textos y por este motivo son poco robustos. La IA es sin duda útil como herramienta de ayuda para encontrar patrones ocultos en los datos, pero son los expertos humanos quienes pueden contextualizar y relacionar estos patrones con otras fuentes de información y, obviamente, con sus conocimientos sobre el tema.

La investigación en IA aplicada a los virus se centra en 3 objetivos: diagnóstico, búsqueda de tratamientos y estudio de cómo se propagan los virus. La lista actual de esfuerzos en marcha es larga, pero se pueden mencionar los siguientes:

– Desde el punto de vista de la biología, la IA puede aplicarse para: encontrar la estructura de proteínas relacionadas con los virus, identificar medicamentos existentes para otras patologías que puedan ser reutilizados para tratar virus, encontrar nuevos compuestos químicos que puedan ser prometedores para el desarrollo de fármacos, ayudar a desarrollar mejores vacunas, y en general entender mejor el comportamiento de los virus.

– Desde el punto de vista clínico, la IA puede apoyar al diagnóstico basado en la imagen, proporcionar formas alternativas de rastrear la evolución de la enfermedad utilizando dispositivos no invasivos y generar predicciones sobre sus efectos en el paciente en función de múltiples datos de pacientes previamente tratados.

– Desde una perspectiva social, la IA se ha aplicado en diversas áreas de la epidemiología. Por ejemplo, modelizando datos empíricos, incluido el pronóstico del número de casos en función de diferentes escenarios de políticas públicas. Otros trabajos utilizan la IA para identificar similitudes y diferencias en la evolución de la pandemia en diferentes regiones. La IA también puede ayudar a detectar la difusión y minimizar la propagación de desinformación, así como el discurso de odio y el negacionismo.

Un requisito previo para que la IA sea útil es poder compartir datos de alta calidad tanto a nivel nacional como internacional. La cooperación basada en investigación multidisciplinaria y ciencia abierta es fundamental para acelerar la transferencia de los resultados de las investigaciones hacia su uso clínico.

29/100

SENSORES INTELIGENTES PARA SALVAR VIDAS

En Estados Unidos, cada año mueren casi 400.000 personas debido a errores médicos; por lo tanto, aunque no hay datos fiables a nivel global, no es exagerado pensar que en todo el mundo el número de muertes por esta causa debe de ser del orden de millones.

Incorporar sensores e IA a los espacios físicos donde se presta asistencia sanitaria puede ayudar a reducir la tasa de errores fatales que se producen hoy en día debido al gran volumen de pacientes y la complejidad de su atención.

Investigadores de la Universidad de Stanford, liderados por la profesora Fei-Fei Li, publicaron, en septiembre de 2020, un artículo en la revista *Nature* en el que hacen una exhaustiva revisión del campo de la inteligencia ambiental aplicada a la asistencia sanitaria. Este es un campo de investigación interdisciplinario con el objetivo de equipar los hospitales con sistemas de IA que pueden aportar importantes mejoras a la sanidad. Por ejemplo, los sensores y la IA pueden alertar inmediatamente a los médicos y visitantes cuando no se desinfectan las manos antes de entrar en una habitación del hospital.

Según los autores del trabajo, los médicos de la unidad de cuidados intensivos neonatales de un hospital pueden llegar a realizar 600 acciones por paciente y día. Sin la asistencia tecnológica, la ejecución perfecta de este volumen de acciones complejas es prácticamente imposible, incluso para los equipos clínicos más concienciados.

La inteligencia ambiental aplicada a la asistencia sanitaria se basa principalmente en la convergencia de dos tecnologías: los sensores de infrarrojos, que son lo suficientemente baratos para incorporarlos en entornos hospitalarios, y los sistemas de aprendizaje automático que procesan los datos proporcionados por estos sensores.

Las tecnologías de infrarrojos son de dos tipos. El primero es el infrarrojo activo, como los rayos de luz invisible unidireccionales utilizados por los mandos a distancia de los televisores. Pero en lugar de simplemente transmitir luz invisible en una sola dirección, hay sensores de infrarrojos que utilizan IA para calcular el tiempo que tardan los rayos de luz en volver al emisor después de rebotar en un obstáculo. Es decir, es como un radar basado en la luz que proporciona un mapa tridimensional del contorno del obstáculo, por ejemplo, de una persona o de un objeto.

Estos sensores infrarrojos de profundidad ya se utilizan fuera de las habitaciones del hospital para, por ejemplo, discernir si una persona se lava las manos antes de entrar y, eventualmente, emitir una alerta. En un experimento de Stanford, una tableta colgada cerca de la puerta muestra una pantalla de color verde que pasa al rojo si no se cumple con esta norma higiénica. Los investigadores habían considerado utilizar avisos sonoros pero los profesionales médicos lo desaconsejaron, ya que una indicación visual es más eficaz y menos molesta. Estos sistemas de alerta pueden reducir el número de infecciones nosocomiales en pacientes en la UCI, y por lo tanto salvar vidas, velando porque todo el mundo cumpla estrictamente los protocolos de prevención de infecciones.

El segundo tipo de tecnología infrarroja son los sensores pasivos, del tipo que permiten que las gafas de visión nocturna creen imágenes térmicas a partir de los rayos infrarrojos generados por el calor corporal. Estos sensores colocados sobre las camas de las UCI permiten que la IA, analizando dichas imágenes térmicas, detecte posibles convulsiones u otros movimientos anormales de los enfermos y alerte al personal clínico sobre problemas inminentes. La privacidad es especialmente preocupante en los hospitales, hogares, entornos de vida asistida y residencias de ancianos. Por ello es necesario evitar el uso de sensores de vídeo de alta definición para no interferir en la privacidad tanto de los médicos como de los pacientes. Las imágenes de siluetas proporcionadas por los sensores infrarrojos proporcionan datos lo suficientemente precisos como para poder entrenar algoritmos de IA para muchas aplicaciones clínicamente importantes, respetando la privacidad.

30/100

BIOMARCADORES DIGITALES PARA DETECTAR PÁRKINSON

Los temblores, los movimientos lentos y la rigidez son síntomas característicos de la enfermedad de Parkinson. Los sensores integrados en los dispositivos móviles, como los teléfonos, pueden convertir estos movimientos anormales en señales digitales para identificar y medir los síntomas de esta enfermedad. Este enfoque se conoce con el nombre de biomarcadores digitales. Investigadores de la Universidad de Michigan han desarrollado un sistema, basado en estos biomarcadores digitales, que utiliza algoritmos de aprendizaje automático para evaluar las habilidades motoras y los cambios de voz que pueden ayudar a diagnosticar párkinson en sus primeras etapas y monitorear la progresión de los pacientes. El estudio, publicado en enero de 2022 en *Nature Communication Biology*, mejora los métodos de diagnóstico normalmente utilizados que consisten en analizar autoinformes de los pacientes.

Los estudios previos basados en biomarcadores digitales se habían centrado principalmente en habilidades motoras poco finas, como caminar y mantener el equilibrio. Sin embargo, las personas con párkinson tienen muchas dificultades en la motricidad fina, como por ejemplo agarrar objetos, atarse los cordones de los zapatos y escribir. La mala coordinación de la motricidad fina es a menudo un indicador más sensible de párkinson que los cambios en el caminar o el equilibrio, especialmente en las primeras etapas de la enfermedad.

Los investigadores de la Universidad de Michigan registraron casi 80.000 datos sobre la forma de teclear el móvil de 1.060 personas que tenían diagnóstico confirmado de párkinson y de 6.418 individuos sanos. El experimento consistía en teclear lo más rápido posible durante veinte segundos en una zona predeterminada de la pantalla táctil de un teléfono colocado sobre una mesa, usando dos dedos de una mano. Cuando se teclea sobre la pantalla, el impacto de los toques provoca aceleraciones del teléfono que son captadas por el acelerómetro que lleva incorporado. Esto permite medir la magnitud, la dirección y la velocidad del movimiento del teléfono.

Después de aplicar el aprendizaje automático a los datos resultantes de teclear, la precisión obtenida en la detección de párkinson fue excelente, mejorando ampliamente el método usual basado en autoinformes de los pacientes. La precisión en la detección de la enfermedad también es superior a la precisión que proporcionan, por separado, la grabación de la voz, el caminar y el mantener el equilibrio. Combinando las cuatro fuentes de datos —teclear, voz, caminar y mantener el equilibrio— el algoritmo de aprendizaje alcanzó precisiones superiores a cualquiera de las cuatro por separado. El rendimiento fue similar entre diferentes sexos y grupos de edad, así como entre fumadores y no fumadores, excepto en el grupo de menores de 35 años. En general, la precisión aumenta con la edad debido a la presencia de más pacientes con párkinson en la muestra de entrenamiento del algoritmo.

Los resultados muestran claramente los beneficios de combinar diferentes tipos de biomarcadores digitales. Trabajos futuros deberían incluir datos de seguimiento a largo plazo para evaluar la capacidad de este método para predecir la aparición de la enfermedad de Parkinson con más anticipación todavía.

31/100

DIAGNÓSTICO PRECOZ DEL AUTISMO

Investigadores de la Universidad de Stanford han desarrollado un algoritmo que ayuda a diagnosticar el autismo. El nuevo algoritmo, impulsado por avances recientes en IA, también predice con éxito la gravedad de los síntomas del autismo.

El algoritmo analiza los datos recopilados explorando el cerebro mediante resonancia magnética funcional (fMRI). Estas exploraciones capturan patrones de actividad neuronal en todo el cerebro. Al analizar esta actividad a lo largo del tiempo, el algoritmo genera huellas de actividad neuronal. Aunque son únicas para cada individuo, al igual que las huellas dactilares, las huellas del cerebro comparten características similares, lo que permite ordenarlas y clasificarlas.

Según se describe en un artículo publicado en octubre de 2022 en *Biological Psychiatry*, el algoritmo evaluó exploraciones cerebrales de una muestra de aproximadamente 1.100 pacientes. Con un 82% de precisión, el algoritmo detectó un grupo de pacientes que, efectivamente, los médicos ya habían diagnosticado como autistas.

"A pesar de ser uno de los trastornos del neurodesarrollo más comunes, hay muchas cosas sobre el autismo que aún no entendemos", dice el autor principal, Kaustubh Supekar, profesor de psiquiatría y ciencias del comportamiento en Stanford. En este estudio, se ha demostrado que el modelo de huellas del cerebro impulsado por IA es una herramienta nueva y potente para avanzar en el diagnóstico y el tratamiento del autismo.

A diferencia de muchas otras enfermedades, el autismo no tiene biomarcadores objetivos (es decir, medidas que revelen la presencia y, a veces, la gravedad de una enfermedad), lo que significa que no hay una prueba simple para diagnosticarlo. El diagnóstico se basa en observar los comportamientos de los pacientes, que son, naturalmente, muy variables y, por lo tanto, hacen que el diagnóstico sea un desafío. Este nuevo estudio agrupa exploraciones cerebrales, realizadas en centros médicos de todo el mundo, en un conjunto de datos enorme, que es, además, demográfica y geográficamente diverso.

Un desafío ha sido que los algoritmos de IA son cajas negras y, por lo tanto, no es posible obtener explicaciones de los diagnósticos que el algoritmo proporciona. Para superar esta limitación, Supekar y su equipo crearon un modelo matemático que evalúa las interacciones entre regiones del cerebro y su conectividad. Específicamente, el algoritmo se centra en regiones del cerebro que presentan diferencias significativas de interconectividad, pues se sabe que están relacionadas con el autismo. Estas regiones son: la corteza cingulada posterior y el precúneo (ambas activas durante los períodos de reposo), la corteza prefrontal dorsolateral y ventrolateral, implicada en el control cognitivo, y el surco temporal superior, implicado en el procesamiento de sonidos de voces humanas. En particular, las alteraciones de interconectividad observadas en la corteza cingulada posterior y el precúneo sirvieron como buenos indicadores de la gravedad de los síntomas del autismo en la población estudiada.

Aunque el algoritmo funcionó admirablemente en esta primera etapa de desarrollo, Supekar y su equipo tienen la intención de confirmar su eficacia realizando estudios con hermanos, donde uno tenga autismo y el otro no, con el fin de mejorar la capacidad de detectar con más precisión las diferencias de interconectividad en cerebros potencialmente muy similares.

Los autores del estudio prevén que la huella cerebral se utilice para evaluar el cerebro de niños muy pequeños, que tengan un alto riesgo de desarrollar autismo. El diagnóstico temprano es fundamental para lograr mejores resultados, ya que las terapias resultan más efectivas cuando los pacientes son más pequeños.

32/100

NEUROPRÓTESIS CONTROLABLES CON LA MENTE

Las extremidades protésicas controladas por músculos que utilizan actualmente los pacientes con amputaciones en todo el mundo tienen varias limitaciones y desafíos. Las piezas de las prótesis de buena calidad son voluminosas, tienen una configuración compleja y requieren que los pacientes se sometan a un entrenamiento durante varios meses para aprender a usarlas. Ahora, una nueva tecnología propuesta por un equipo de investigadores de la Universidad de Minnesota (UMN) podría superar todos estos desafíos.

Puede parecer ciencia ficción, pero los investigadores afirman que esta nueva tecnología permitirá a los pacientes controlar las prótesis utilizando sus pensamientos. Mediante el uso de IA y aprendizaje automático, los investigadores de la UMN han desarrollado una mano neuroprotésica. Esta mano robótica viene equipada con un implante nervioso conectado al nervio periférico del brazo del paciente. El estudio, liderado por Anh Tuan Nguyen, se publicó en octubre de 2021 en el *Journal of Neural Engineering*.

Actualmente, las prótesis de extremidades disponibles en el mercado detectan el movimiento de los músculos mediante sensores que reconocen señales en regiones específicas del cuerpo humano. Por ejemplo, cada vez que un paciente quiere mover la mano, se requiere que active los músculos pertinentes. El proceso de adaptación para generar los movimientos deseados de extremidades protésicas basados en activar músculos del cuerpo no es fácil. Los amputados tienen que pasar por largos períodos de entrenamiento para adaptarse a estos dispositivos, lo que a menudo aumenta la frustración y el estrés. Además, muchos de estos dispositivos no son adecuados para personas físicamente menos fuertes.

Por lo tanto, se necesitaba un nuevo dispositivo que comenzara a funcionar prácticamente de inmediato, fuera menos invasivo y no requiriera ningún entrenamiento, activación muscular o configuración compleja. Este nuevo brazo neuroprotésico de la UMN permite a los pacientes mover los brazos mediante la mente. Es una alternativa eficiente, fácil de usar y mucho más intuitiva que cualquier sistema protésico comercial disponible. La solución propuesta se basa en poder interpretar directamente la señal nerviosa generada por la intención del paciente de realizar un movimiento. Por ejemplo, si quiere mover un dedo todo lo que tiene que hacer es pensar en moverlo. La diferencia principal con las prótesis tradicionales basadas en la detección de señales musculares, es la capacidad de interpretar las señales eléctricas de las neuronas. La clave es el uso de la IA, que hace que el implante funcione como un decodificador neuronal.

Por ejemplo, sabemos que el movimiento de las manos se logra por la acción del nervio mediano, un nervio periférico que está formado por miles de axones. Cuando pensamos en mover la mano, nuestro cerebro envía señales a los correspondientes nervios periféricos. En el caso de pacientes con un brazo neuroprotésico, estas señales son detectadas por los decodificadores neuronales vinculados a los nervios que controlan el brazo neuroprotésico para que efectúe el movimiento deseado. El decodificador neuronal utiliza aprendizaje automático para interpretar las señales nerviosas.

Actualmente, la configuración del brazo robótico requiere una conexión por cable entre la piel y una interfaz de IA externa. Sin embargo, los investigadores esperan que en el futuro el implante se pueda conectar de forma remota a cualquier ordenador. Esto permitiría a los amputados de las extremidades superiores tener un control totalmente natural e intuitivo de sus prótesis.

33/100

ROBOTS CIRUJANOS

Los robots telecontrolados completamente por cirujanos humanos para llevar a cabo intervenciones quirúrgicas son cada vez más comunes. Incluso se han logrado altos grados de automatización en intervenciones quirúrgicas en humanos, pero solo en tejidos rígidos del cuerpo. Es decir, tejidos que no cambian de forma, como los huesos.

En enero de 2022, en un artículo publicado en la revista *Science Robotics*, un equipo de expertos en robótica, en colaboración con urólogos de la Universidad Johns Hopkins en los EE.UU., informó que un robot había realizado con éxito intervenciones laparoscópicas parciales en intestinos de cerdos de manera casi autónoma. Este hito es un paso importante hacia los ensayos con humanos. La tarea del robot consistió en una anastomosis intestinal, es decir, la unión de dos extremos del intestino después de eliminar una sección. Los investigadores programaron un robot médico específico, pero creen que su *software* podría funcionar en cualquier otro robot comparable.

El robot llevó a cabo la intervención quirúrgica en cuatro cerdos, realizando un total de 86 puntos de sutura. En la mayoría de los casos, el robot realizaba los puntos de sutura de manera autónoma, mientras que en algunas situaciones se tenía que guiar manualmente antes de hacer la sutura. Cuando se examinaron los tejidos, una semana después de la cirugía, los resultados fueron comparables a los obtenidos por los cirujanos humanos. Esta intervención es especialmente sensible porque cualquier imperfección en las suturas puede tener complicaciones muy graves.

En 2016, el mismo grupo ya había programado otro robot para realizar esta misma intervención en cerdos estirando el intestino fuera de la cavidad corporal antes de suturarlo. Sin embargo, en 2022, el robot completó con éxito la intervención dentro del abdomen mediante una pequeña abertura. La dificultad de esta tarea es considerable, ya que los intestinos se mueven rítmicamente con la respiración del animal y además al tocarlos también se mueven. Esto no permite planificar con anticipación las acciones del robot. En lugar de eso, el *software* que controla el robot debe actualizar constantemente y automáticamente la secuencia de acciones del robot para llevar a cabo la tarea. Para lograrlo, el *software* analiza las imágenes captadas con una cámara 3D situada en el brazo del robot para detectar en tiempo real la posición cambiante del intestino dentro del abdomen.

Este prototipo es el primer paso hacia una cirugía totalmente autónoma en humanos, aunque probablemente se necesitarán décadas para alcanzar este objetivo. A medida que avance la investigación, el equipo entrenará al robot para llevar a cabo otras fases de la operación, como abrir la cavidad abdominal y cerrarla después, hasta que sea capaz de llevar a cabo todas las fases de una operación laparoscópica.

34/100

DESVELANDO LA ESTRUCTURA DEL PROTEOMA HUMANO

Los investigadores en genética llevaban mucho tiempo intentando resolver el problema del plegamiento proteico. Es decir, determinar la estructura tridimensional de las proteínas a partir de las cadenas de aminoácidos que las forman. Estas cadenas se organizan formando estructuras muy complejas y, por lo tanto, muy difíciles de determinar con precisión. Entender estas estructuras es muy importante, ya que la función de una proteína está determinada en gran medida por su estructura, por lo que, si queremos diseñar un fármaco que bloquee o mejore la acción de una proteína determinada, es necesario conocer su estructura.

Aunque en los últimos años se intentaba resolver el problema del plegamiento proteico con la ayuda de supercomputadoras, de hecho, no se habían logrado avances significativos. Pero en julio de 2021 investigadores de la empresa DeepMind publicaron una investigación en la prestigiosa revista *Nature* que demostraba que, con la ayuda de la IA, resolvía eficientemente el problema del plegamiento proteico. Para ello entrenaron un sistema de aprendizaje automático, llamado AlphaFold, con fragmentos de proteínas cuya estructura tridimensional ya se había determinado experimentalmente utilizando la cristalografía de rayos X. A continuación, AlphaFold aprendió a predecir la estructura de nuevas proteínas de las que luego se pudo comprobar experimentalmente su corrección.

Gracias a AlphaFold, los investigadores de DeepMind pudieron determinar la estructura del 98,5% de las 20.000 proteínas del cuerpo humano. En un 35,7% de los casos, el algoritmo predijo la estructura con una confianza de más del 90%. En el momento de la publicación de los resultados, en julio de 2021, DeepMind ya había logrado predecir la estructura de un total de más de 350.000 proteínas, incluidas las de 20 organismos especialmente importantes en la investigación biológica como la *Escherichia coli* o la levadura, así como proteínas relacionadas con la covid-19. Además, es importante señalar que, en colaboración con el Laboratorio Europeo de Biología Molecular, han puesto toda esta información a disposición libre de la comunidad científica con el propósito de acelerar el desarrollo de nuevos fármacos.

Cuando se publicaron los resultados en *Nature*, el objetivo principal era predecir la estructura de todas las proteínas secuenciadas conocidas por la ciencia en cuestión de meses. Un año más tarde, en julio de 2022, DeepMind anunció que AlphaFold lo había conseguido y la estructura de más de 200 millones de proteínas era accesible de forma gratuita en una base de datos. Para hacerse una idea de la rapidez que aporta el uso de la IA, se debe tener en cuenta que habían hecho falta décadas de investigaciones minuciosas para desvelar la estructura de solo el 17% de las 20.000 proteínas del cuerpo humano. Demis Hassabis, director ejecutivo y fundador de DeepMind, dice que AlphaFold, que se compone de unos 32 algoritmos separados y se ha programado en código abierto, es capaz de predecir la estructura de cada proteína en cuestión de minutos y, en algunos casos, de segundos, utilizando un *hardware* no más sofisticado que una unidad de procesamiento gráfico estándar.

El equipo también añadió una medida de confianza a todas las predicciones de AlphaFold. Hassabis afirma que la medida de confianza es vital dado que los resultados de AlphaFold serán muy probablemente la base de la investigación de nuevos medicamentos. El equipo de DeepMind cree que los grados de confianza bajos, obtenidos en algunas proteínas, podrían deberse a errores en la secuenciación previa o tal vez a que en biología se sabe que algunas proteínas son intrínsecamente impredecibles.

Es muy probable que AlphaFold se convierta en una herramienta estándar para todos los biólogos de todo el mundo. El impacto de este *software* de libre disposición para la comunidad científica podría llegar a ser crucial para el futuro de la medicina. De hecho, hasta hoy día, AlphaFold es probablemente la mayor contribución de la IA a la comunidad científica.

CAMBIO CLIMÁTICO, BIODIVERSIDAD Y GEOCIENCIA

35/100

PREDICCIÓN DEL IMPACTO DEL CAMBIO CLIMÁTICO

La IA podría ser un elemento clave para ayudar a combatir el cambio climático. Sin embargo, es discutible si el uso de la IA para este fin puede compensar su alto consumo de energía y, por lo tanto, las elevadas emisiones de CO_2 que genera. Por ejemplo, una sesión de entrenamiento, que puede llevar semanas, de un gran modelo de lenguaje, como GPT4, puede llegar a generar el equivalente de miles de toneladas de emisiones de dióxido de carbono. Esto equivale a las emisiones de centenares de hogares durante un año.

Un informe del Foro Económico Mundial (FEM) de 2018 afirmaba que es importante gestionar correctamente el uso de la IA, y proponía que los gobiernos y las empresas deberían garantizar que la humanidad no desarrolle una IA que sea perjudicial para el medio ambiente. En concreto, el FEM recomienda que los desarrolladores de IA incorporen la salud del medio natural como un elemento fundamental. Esto significa evitar el uso de técnicas de IA que exijan consumos de energía o recursos naturales más allá de lo que sería sostenible. Todos los programas deben diseñarse teniendo en cuenta la dimensión de protección y mejora del medio ambiente.

Según el FEM, las empresas y organizaciones deberían compartir datos y optimizar el uso de los recursos ambientales creando oportunidades para compartir lo que funciona. Al mismo tiempo, la IA podría ayudar a garantizar un sistema más rentable para las empresas que utilizan recursos ambientales. Por ejemplo, mediante el uso del aprendizaje automático, los sistemas de IA podrían detectar problemas en tiempo real y adaptarse para asegurar que las empresas minimicen los residuos.

Afortunadamente, ya hay algunas iniciativas en marcha. Por ejemplo, investigadores de la Universidad de Alabama están trabajando en un sistema de alerta basado en IA que puede detectar si las floraciones de algas perjudican las aguas dulces y notificarlo a las autoridades. Este proyecto ya está previsto que se despliegue en el espacio para monitorear todo el planeta desde satélites en órbita.

Según un artículo publicado por el Instituto de la Tierra de la Universidad Columbia, agricultores de la India utilizan sistemas basados en IA para obtener un 30% más de rendimientos en el cultivo de cacahuetes. Este sistema ayuda a los agricultores a determinar los momentos óptimos para aplicar fertilizantes en partes específicas de la tierra de cultivo, así como las fechas ideales para sembrar.

Un artículo publicado en *National Geographic*, en julio de 2019, informa de un sistema basado en IA capaz de aprender a predecir patrones meteorológicos, contribuyendo así al estudio de los cambios climáticos a gran escala en todo el planeta. Este sistema ya ha generado 30 modelos climáticos y actualmente el Grupo Intergubernamental sobre el Cambio Climático de las Naciones Unidas lo está utilizando.

Hay otros programas que también utilizan modelos basados en IA para determinar el alcance y la naturaleza de los cambios climáticos en áreas específicas del mundo. Los expertos en ciencias del clima e informática han constatado que, haciendo referencias cruzadas de múltiples modelos y predicciones de IA, pueden determinar con más precisión los impactos a corto plazo del cambio climático. Desafortunadamente, diferentes modelos de IA difieren en las predicciones a largo plazo. Cuanto más largo es el plazo, menos fiables son los modelos individuales.

Minimizar el margen de error de estas predicciones ambientales sería una mejora importante en futuras investigaciones. Por ejemplo, los investigadores de tormentas tienen herramientas de IA que proporcionan hasta un 99% de precisión para predecir patrones meteorológicos complejos como los ciclones tropicales, los frentes meteorológicos y los ríos atmosféricos.

Los ríos atmosféricos —regiones estrechas en la atmósfera que transportan horizontalmente humedad desde los trópicos— son extraordinariamente difíciles de rastrear o predecir sin la ayuda de la IA.

Obviamente, desplegar e integrar programas de IA tan complicados en todo el planeta es una tarea muy compleja, pero de una importancia crucial para combatir el cambio climático.

36/100

EL SUEÑO
DE LA ENERGÍA VERDE

El sueño de lograr la fusión nuclear está ahora un poco más cerca gracias a un sistema de IA que facilita resolver el problema de controlar los haces de plasma de deuterio y tritio, isótopos del hidrógeno, dentro de un reactor de fusión nuclear.

La fusión nuclear es una reacción en la que dos o más núcleos atómicos, los reactivos, se combinan para formar otros núcleos atómicos diferentes. La diferencia de masa entre los reactivos y los productos de la reacción se traduce en energía. Los átomos de elementos ligeros liberan energía cuando se fusionan, por eso los reactores de fusión nuclear utilizan el hidrógeno. La cantidad de energía liberada es colosal, tal como prevé la ecuación de Einstein $E = mc^2$.

Para crear y mantener las condiciones que permiten la fusión de átomos en un reactor nuclear se requiere un plasma extremadamente caliente, unos 150 millones de grados centígrados en el caso del hidrógeno. Como ningún material puede soportar esta temperatura, el plasma no puede ser confinado en ningún recipiente sólido. Para solucionarlo, los científicos utilizan campos magnéticos como contenedores. Este confinamiento magnético es posible porque los plasmas están formados por átomos que tienen algunos electrones desligados del núcleo. Esto hace que estos átomos se conviertan en iones cargados positivamente que circulan libremente. Como los gases, los plasmas no tienen forma ni volumen fijo; sin embargo, como están formados por iones, los plasmas tienen propiedades que los gases no tienen, en particular la conducción de electricidad. Esta propiedad permite que puedan ser confinados y moldeados por campos magnéticos. En consecuencia, un aspecto importante de la investigación sobre la obtención de energía mediante fusión nuclear se centra en estudiar diversas maneras de confinar y moldear, es decir, dar forma, a los plasmas, lo cual es especialmente relevante, ya que la forma del plasma está directamente relacionada con el rendimiento del reactor.

Uno de los tipos de reactores de fusión más prometedores es el reactor Tokamak que se está construyendo en Cadarache (Francia). Es un reactor de forma toroidal que se controla mediante 19 bobinas magnéticas que generan los campos magnéticos que confinan, moldean y hacen circular el haz de plasma alrededor de la cavidad toroidal del reactor evitando que toque las paredes, ya que de lo contrario detendría la reacción y dañaría el reactor. El funcionamiento de las bobinas está controlado por un conjunto numeroso de controladores independientes que se programan según cálculos complejos de ingeniería de control. Ahora, un nuevo sistema de IA ha sido capaz de hacer lo mismo con solo un único controlador, aprendiendo qué voltajes aplicar a las bobinas para controlar cuidadosamente los campos magnéticos generados que confinan y conforman el haz de plasma.

Se realizaron un total de unos 100 experimentos, bajo control de la IA, durante varios días, probando formas diferentes del plasma. Los experimentos permitieron descubrir nuevas maneras de controlar la forma de los plasmas que podrían conducir a una mejora de todo el proceso de fusión. La IA demostró ser muy eficiente controlando plasma en las configuraciones más comunes, incluida la llamada forma de "copo de nieve", que, según los expertos, es la configuración más eficiente para la fusión. Los investigadores también demostraron que la IA puede controlar simultáneamente dos haces de plasma.

Federico Felici, de la Escuela Politécnica Federal de Lausana, es el autor principal de un artículo que describe este nuevo sistema de IA que fue publicado en la revista *Nature* en febrero de 2022. Los expertos en fusión nuclear creen que la IA ayudará a lograr fusiones nucleares a gran escala hacia el año 2035, dentro del proyecto internacional ITER. Esto sería un paso importante hacia la generación de electricidad sin emisiones de carbono y con niveles muy bajos de radiactividad. Sin embargo, este sueño solo será posible cuando se pueda mantener el plasma durante largo tiempo dentro del reactor antes de que se desvanezca. Actualmente solo se puede mantener durante menos de un minuto.

37/100

CULTIVO EFICIENTE DE ALGAS

Hace tiempo que se cultivan algas comercialmente para producir suplementos nutricionales, cosméticos y piensos. Hace una década se intentó producir biocombustible a partir de algas, ya que los azúcares y aceites que producen pueden convertirse en etanol, gasóleo y otros combustibles. Sin embargo, nadie logró encontrar una manera económica de hacerlo para obtener beneficios, ya que producir grandes cantidades de algas de forma rentable plantea importantes desafíos. El motivo es que, tanto en reactores cerrados como en estanques abiertos, a medida que las algas crecen y su concentración en la superficie aumenta, impiden que la luz llegue a las células situadas debajo de la superficie y ralentizan su crecimiento. Además, recolectarlas es ineficiente y costoso, ya que los métodos tradicionales de separación de las algas del agua, como la centrifugación, la filtración o la floculación química —proceso mediante el cual se agregan partículas sólidas dentro de un fluido para que formen flóculos de partículas que permitan su separación por sedimentación— consumen un 50% de la energía necesaria para la producción y suponen un tercio de los costos totales de producción.

Pero ahora, gracias a la IA, es factible hacer crecer algas a un ritmo récord reduciendo significativamente el costo del biocombustible producido. Mediante el uso de IA para ajustar con precisión el crecimiento de las algas verdiazules, un equipo de investigadores de la Universidad de Texas, liderado por Joshua Yuan, ha logrado producir más de 40 gramos de algas por metro cuadrado al día en una configuración experimental al aire libre. Esto es aproximadamente el doble del objetivo recomendado recientemente por el Departamento de Energía de los Estados Unidos para que el proceso sea rentable. Un artículo científico, publicado en enero de 2022 en la revista *Nature Communications* por Yuan y otros coautores, describe un sistema de IA basado en dos modelos de aprendizaje automático. Un primer modelo predice cómo se dispersa y distribuye la luz por la masa celular, en función de la intensidad de luz que incide sobre las algas en el agua y la densidad de las células de dichas algas. El segundo modelo predice cómo esta distribución e intensidad de luz afecta la tasa de crecimiento. Al combinar los dos modelos se puede calcular la concentración máxima de algas sin que se produzcan sombras excesivas, permitiendo de esta manera que las algas crezcan a la máxima velocidad en condiciones de luz cambiantes.

Los investigadores también encontraron una forma más rápida y barata de recolectar las algas. Las manipularon para que produjeran un compuesto químico que hace que la superficie de las células repela el agua. Como resultado, las células tienden a agruparse hasta que el agrupamiento llega a ser lo suficientemente pesado como para depositarse en el fondo del recipiente y facilitar su recolección.

Este alto rendimiento en la producción reduciría el precio de venta de las algas a niveles competitivos con los precios de los combustibles fósiles, ya que, además, permitirían combinar la reducción del precio del combustible con el llamado crédito de carbono. El crédito de carbono es un tipo de instrumento económico que ayuda a controlar las emisiones de dióxido de carbono por parte de los países firmantes del protocolo de Kioto. Cada crédito de carbono equivale a una tonelada de dióxido de carbono que se deja de emitir a la atmósfera gracias a la reducción de este gas durante la producción de energía o por la implementación de nuevas tecnologías. Dado que las algas absorben grandes cantidades de dióxido de carbono de la atmósfera para convertirlo en azúcares mediante fotosíntesis, su producción permite reducir su emisión y obtener los créditos pertinentes. Por estos motivos, las algas se consideran una herramienta importante para hacer frente al cambio climático.

38/100

AGRICULTURA INTELIGENTE

Según un reciente informe de las Naciones Unidas, se prevé que la población humana se acerque a los 9.800 millones en 2050. Un sector clave para la vida humana es la agricultura, y se calcula que para el año 2050 este sector deberá aumentar su productividad en un 60%.

La agricultura depende de muchos procesos que requieren un seguimiento continuo de cultivos de gran extensión y al mismo tiempo de conocimientos sobre el clima, la luminosidad solar estacional y el efecto de plagas de insectos y otros animales. Hay pues una gran cantidad de información que debe gestionarse simultáneamente y por este motivo las partes interesadas del sector agrícola creen que la IA es una herramienta útil para hacerlo. De hecho, el potencial de la IA en agricultura se puede ver en al menos los siguientes casos de uso:

— Vigilar mediante cámaras los campos de cultivo en tiempo real para identificar posibles incursiones de animales que podrían destruirlos.

— Predecir el rendimiento de los cultivos mediante sistemas de sensores que recopilen datos sobre el suelo, niveles de humedad, cantidad de fertilizantes y nutrientes naturales.

— Cuantificar las tasas de rendimiento potenciales de un campo antes de que se inicie el cultivo. Para hacer estas predicciones, los algoritmos utilizan datos de sensores en el suelo, así como datos basados en la vigilancia del color del suelo y datos climáticos para ayudar a predecir el futuro rendimiento de un cultivo determinado.

— Controlar la salud de los cultivos y detectar infestaciones en base a datos proporcionados por drones equipados con cámaras de infrarrojos y datos provenientes de sensores a nivel del suelo.

– Usar tractores autónomos y robots agrícolas para compensar la escasez de trabajadores agrícolas. Estas herramientas y dispositivos son una opción viable para muchas operaciones agrícolas que incluyen tareas repetitivas.

– Gestionar las cadenas de suministro agrícolas mejorando el seguimiento y la trazabilidad y ayudando a gestionar inventarios de cultivos y material.

– Optimizar la combinación adecuada de varios pesticidas y su aplicación en áreas concretas y delimitadas de los campos de cultivos. Utilizando estos modelos, los agricultores no solo encuentran las proporciones óptimas de los pesticidas, sino que también reducen costes.

Finalmente, el aprendizaje automático y la IA también se pueden utilizar para predecir el precio de mercado de los diferentes cultivos en función de su tasa de rendimiento y ayudar a optimizar los sistemas de riego. En definitiva, la IA puede desempeñar un papel importante para llevar a cabo una agricultura más eficiente y sostenible.

39/100

DESCUBRIENDO ESPECIES OCULTAS

Hacer un inventario de la diversidad de especies existentes no es una tarea fácil. Los taxónomos han descrito más de un millón de especies, pero solo tienen una vaga idea del número total que hay en nuestro planeta. Se estima que entre el 90% y el 99% de todas las especies vivas aún no han sido identificadas, por lo que hay millones de especies no descubiertas que están ocultas. La principal dificultad radica en que no hay una única definición de qué es una especie. Tradicionalmente, los taxónomos basaban sus decisiones solo en la morfología, principalmente en las diferencias de la genitalia de los machos. Pero la evolución es un proceso de cambio gradual y acumulativo, por lo que siempre hay variabilidad dentro y entre poblaciones, de manera que determinar el límite de cada especie era inevitablemente subjetivo.

En los últimos años, los avances en genética han dado lugar a nuevas herramientas para ayudar a diferenciar especies. En primer lugar, los biólogos comparan la composición nucleotídica de genes de especies diferentes y luego examinan rasgos biológicos con relevancia evolutiva, como por ejemplo la forma del hocico en el caso de los murciélagos. Utilizando este enfoque, un equipo, liderado por el biólogo evolutivo Bryan Carstens, ha analizado la divergencia genética de 1.400 tipos de murciélagos conocidos y ha descubierto 600 nuevas especies. Estas nuevas especies estaban ocultas, es decir que se habían agrupado bajo una misma especie morfológica, pero el uso de nuevas herramientas genéticas ha permitido descubrirlas. Según este investigador, el caso de los murciélagos es solo la punta del iceberg, ya que solo considerando a los mamíferos se estima que hay miles de especies crípticas.

Los investigadores analizan los genes mediante dos métodos. Primero miden la distancia genética entre parejas de individuos y estos se agrupan en una misma especie si tienen secuencias genéticas más próximas entre ellos que con los individuos de especies cercanas. El segundo método consiste en un enfoque más abiertamente evolutivo. Se basa en la idea de que los cambios genéticos tienden a acumularse gradualmente dentro y entre poblaciones, pero cuando se produce la especiación, los individuos de cada especie solo pasan nuevas variantes de genes a su descendencia y, poco a poco, los diferentes linajes van divergiendo, dando lugar a diferentes trayectorias genéticas que permiten descubrir especies ocultas. Aunque este segundo método tiende a sobreestimar la especiación, el primero, basado en la distancia genética, tiende a subestimarla. Así que ambos métodos se equilibran entre sí. Combinándolos de esta manera, los investigadores liderados por Bryan Carstens analizaron diversos grupos de mamíferos y encontraron más de dos mil especies potencialmente nuevas que estaban ocultas. Un tercio de las especies conocidas que examinaron contenía una o más especies ocultas. Este hecho es particularmente común en murciélagos, roedores y eulipotiflos (mamíferos insectívoros de nariz puntiaguda).

A continuación, los investigadores se plantearon el objetivo de predecir en qué linajes y en qué hábitats es más probable encontrar especies ocultas de mamíferos. Para hacerlo, era necesario analizar una gran cantidad de datos correspondientes a 117 características que incluían aspectos de la morfología junto con datos climáticos, geográficos y características del hábitat donde viven, hasta un total de treinta y tres millones de datos. La única posibilidad de analizar tantos datos era utilizando la IA. En particular, una técnica de aprendizaje automático llamada *random forest*. Los resultados obtenidos, publicados en *Proceedings of the National Academy of Sciences* en abril de 2022, revelaron que las especies ocultas tienen más probabilidades de encontrarse en mamíferos pequeños que viven en los trópicos, especialmente en el sudeste asiático.

La actividad humana está aumentando la vulnerabilidad de muchas especies y pone en peligro su supervivencia, por lo que necesitamos con urgencia buenas estimaciones de cuántas son las especies todavía desconocidas para tomar decisiones sobre su conservación y así tener alguna esperanza de intentar revertir la pérdida de biodiversidad.

40/100

LOCALIZANDO LOS PÁJAROS MÁS COLORIDOS

Un estudio ha confirmado la antigua teoría de que los patrones de coloración de los animales varían según su latitud. De hecho, esta hipótesis fue propuesta por separado por los biólogos Charles Darwin, Alexander von Humboldt y Alfred Russel Wallace alrededor del año 1850. Formularon esta hipótesis después de comparar la flora y la fauna del norte de Europa con las regiones tropicales; los tres quedaron asombrados por los vivos colores de los pájaros tropicales. El naturalista y biogeógrafo Von Humboldt escribió: "Cuanto más nos acercamos a los trópicos, mayor es el aumento de la variedad de estructuras, la gracia de la forma y la mezcla de colores, así como también la juventud perpetua y el vigor de la vida orgánica."

Gracias a la IA, los científicos han podido confirmar que los pájaros son más coloridos cerca del ecuador. Hasta ahora, no se había podido demostrar claramente esta hipótesis porque no existía la tecnología de análisis de imágenes necesaria para cuantificar la coloración. Un estudio, liderado por el profesor Christopher Cooney de la Universidad de Sheffield, y publicado en abril de 2022 en la revista *Nature Ecology and Evolution*, demuestra que el colorido es más brillante y variado en los pájaros de hábitats forestales más densos. Tener colores vivos que destaquen dentro del paisaje y entre otros numerosos pájaros puede ayudar a las especies tropicales a distinguirse unas de otras.

Para confirmar esta teoría, los investigadores de la Universidad de Sheffield estudiaron más de 4.500 especies de aves paseriformes. Estas especies incluyen aves cantoras como petirrojos, gorriones y mirlos de todo el mundo. Utilizaron IA para extraer enormes cantidades de datos de los píxeles de 24.000 fotografías de aves de la colección del Museo de Historia Natural de Tring, Gran Bretaña, que tiene ejemplares de más del 95% de las especies de aves vivas del mundo. Durante su análisis, cuantificaron la coloración en 1.500 partes diferentes del plumaje de cada ave adulta y las clasificaron según el nivel de intensidad del color mediante un algoritmo de aprendizaje. Esto permitió confirmar que a medida que el hábitat de las aves se acerca al ecuador, su color se vuelve más brillante. De hecho, calcularon que, en promedio, las aves tropicales son aproximadamente un 30% más coloridas que las aves que viven más cerca de los polos.

Quedan muchos mecanismos por entender y establecer cuáles son los factores ecológicos y evolutivos precisos que causan un aumento del color en las especies tropicales. Sin embargo, los hallazgos sugieren que las diferencias alimentarias entre especies tropicales y no tropicales, así como la influencia de su hábitat, podrían tener un papel clave. Por ejemplo, al alejarse del ecuador hacia los trópicos, el colorido podría disminuir debido a una menor exuberancia de la vegetación. Una posible causa es que el colorido actúa como un camuflaje natural para las aves durante todo el año. Por otro lado, las aves mucho más al norte adaptarían su plumaje debido a la desnudez de los árboles caducifolios durante el invierno.

Este estudio es importante porque nos ayuda a entender mejor los factores que promueven y mantienen la biodiversidad a escala global, dándonos una visión de cómo se distribuye la biodiversidad en el planeta y siendo más conscientes de lo que podríamos perder si las especies de aves y sus hábitats no se conservan eficazmente.

41/100

PRESERVANDO
LA VIDA SALVAJE

La investigación sobre la biología y ecología de la vida salvaje ha pasado de una escala local a una global. La tecnología ofrece ahora nuevas herramientas para entender mejor la vida salvaje, por ejemplo, entender mejor el comportamiento de los animales, combatir la caza furtiva o detener la disminución de la biodiversidad. Los ecólogos pueden utilizar la IA, y más concretamente la visión por ordenador, para extraer características clave de imágenes, vídeos y otros datos visuales, para identificar rápidamente especies de vida salvaje, contar animales individuales y obtener información a partir de grandes conjuntos de datos. Los programas genéricos que se utilizan actualmente para procesar estos datos a menudo funcionan como cajas negras y no aprovechan todo el alcance del conocimiento existente sobre la vida salvaje. Además, son difíciles de personalizar, a veces tienen un control de calidad deficiente y pueden estar sujetos a limitaciones éticas relacionadas con el uso de datos sensibles. También contienen varios sesgos, especialmente regionales; por ejemplo, si todos los datos utilizados para diseñar un determinado *software* se recogieron en Europa, el *software* podría no ser adecuado para otras regiones del mundo.

El campo de la ecología animal ha entrado en la era de la IA y del internet de las cosas. Ahora se pueden recopilar cantidades sin precedentes de datos sobre poblaciones de vida salvaje, gracias a tecnologías sofisticadas como satélites, drones y dispositivos terrestres basados en cámaras y sensores automáticos colocados en animales o en su entorno. Esta mayor facilidad para adquirir y compartir datos ha incrementado la eficiencia de los investigadores para encontrar y estudiar a los animales al tiempo que permite minimizar la presencia perturbadora de los humanos en los hábitats naturales.

Hoy en día, hay una amplia variedad de *software* basado en IA disponible para analizar grandes conjuntos de datos, pero a menudo se trata de *software* de naturaleza general, es decir, no adecuado para observar el comportamiento y la apariencia de animales salvajes. Recientemente, científicos del Laboratorio de Ciencia Computacional Ambiental y Observación de la Tierra de la Escuela Politécnica Federal de Lausana y de otras universidades, han propuesto un enfoque pionero para resolver este problema y desarrollar modelos más precisos, combinando los avances en visión por ordenador con la experiencia de los ecólogos. Sus hallazgos, publicados en la revista *Nature Communications* en febrero de 2022, abren nuevas perspectivas sobre el uso de la IA para ayudar a preservar la vida salvaje.

Si los expertos en IA quieren reducir el margen de error de un sistema que ha sido entrenado, por ejemplo, para reconocer una especie determinada, deben poder aprovechar los conocimientos de los ecólogos. Estos pueden especificar qué características deben tenerse en cuenta en el *software*, como por ejemplo si una especie puede sobrevivir a una latitud determinada, si es crucial para la supervivencia de otra especie (mediante la relación depredador-presa) o si la fisiología de la especie cambia a lo largo de su vida. Los algoritmos de aprendizaje automático se pueden utilizar para identificar automáticamente cualquier animal. Por ejemplo, en base al patrón único de rayas en el caso de las cebras o analizando vídeos de las dinámicas del movimiento, ya que son una firma de identidad a nivel de especie. Aquí es donde la fusión de la ecología y el aprendizaje automático es clave, ya que los biólogos de campo tienen un inmenso conocimiento sobre los animales que estudian, y es necesario que los expertos en aprendizaje automático colaboren con ellos para diseñar las herramientas más adecuadas para estudiar la vida salvaje. Esta colaboración podría ser extremadamente útil para evitar que ciertas especies salvajes se extingan.

42/100

SALVANDO ELEFANTES

Después de la electrocución, los atropellos causados por trenes son la segunda causa más frecuente de muerte no natural de elefantes en la India. Cada año, decenas de elefantes mueren por esta causa.

En el estado indio de Tamil Nadu, que tiene una de las poblaciones de elefantes más altas del país, la compañía ferroviaria NFR ha puesto en marcha un sistema de alerta, basado en visión por ordenador, para prevenir atropellos. Concretamente, el sistema está instalado, desde el verano de 2022, en dos líneas de ferrocarril que atraviesan la cordillera forestal de Madukkarai entre Madukkarai y Walayar, donde los atropellos de elefantes son especialmente frecuentes.

El nuevo sistema de alerta divide los puntos de paso de elefantes en tres zonas. Una zona llamada roja, de 50 metros de ancho a ambos lados de la vía; una zona naranja, que abarca los siguientes 50 metros, y una amarilla, de 50 metros más. Es decir, un total de 150 metros a cada lado de la vía.

A partir de la constatación de que los elefantes tienen miedo de los enjambres de abejas, la compañía ferroviaria ha instalado dispositivos en varios pasos a nivel que reproducen el sonido amplificado del zumbido de las abejas para alejar a los elefantes. La estrategia ha sido útil para desviar los rebaños de elefantes cuando se acercan trenes.

Si, a pesar del zumbido, un elefante entra en la zona amarilla, es reconocido por el sistema de visión que genera una alerta en la sala de control ferroviario y se pasa un aviso a los guardias forestales. Si cruza la zona naranja, se envían más mensajes de alerta a los guardias forestales y al jefe de la estación de ferrocarril más cercana. Si, finalmente, el elefante entra en la zona roja, se envían alertas más detalladas al conductor de la locomotora con suficiente antelación.

Los resultados demuestran que este sistema es una ayuda eficiente, hasta el punto de que ha sido reconocido por la compañía de ferrocarriles indios con el premio a la mejor innovación. Sin embargo, las autoridades del estado de Tamil Nadu han adoptado otras medidas, como imponer restricciones de velocidad cuando los trenes circulan por los hábitats y pasillos habituales de elefantes, construir pasos subterráneos y rampas para elefantes en lugares identificados, colocar cercas en lugares seleccionados, levantar señales para advertir a los conductores de trenes sobre los pasillos de elefantes, sensibilizar a la tripulación y a los jefes de estación, limpiar la vegetación a los lados de la vía, involucrar a los rastreadores de elefantes de los departamentos forestales para que alerten a los jefes de estación y maquinistas, así como coordinar reuniones entre los departamentos forestales estatales y los departamentos ferroviarios. Vemos que este sistema es un buen ejemplo de buen uso de la IA como un instrumento de ayuda que no excluye la adopción de medidas más fundamentales.

43/100

SALVANDO TIGRES

Es una historia digna de Agatha Christie: se han descubierto restos de víctimas desconocidas y los investigadores tienen que averiguar quiénes eran y de dónde venían. Pero, en este caso, las víctimas no son personas sino tigres en peligro de extinción.

La población de tigres en toda Asia ha experimentado un gran descenso durante los últimos 100 años. Ahora se cree que quedan menos de 4.500 tigres en libertad en el mundo. El principal motivo de este declive ha sido la caza furtiva para alimentar el comercio ilegal de partes del tigre. Algunos de estos productos ilegales se utilizan en la medicina tradicional, pero las pieles de tigre también son muy apreciadas como elementos decorativos.

Las rayas únicas de su pelaje, que los hacen tan codiciados, afortunadamente también ayudan a los investigadores a abordar el problema de la caza furtiva con la ayuda de la IA. El perfil de cada patrón de rayas de tigre es único, al igual que las huellas dactilares. Por lo tanto, se pueden analizar los patrones de las rayas cuando se detectan imágenes de pieles de tigre que se han puesto a la venta en línea, o también imágenes que se han puesto a la venta en mercados o han sido confiscadas. Investigadores de la Agencia de Investigación Ambiental (EIA) están creando una base de datos de fotografías de tigres de diferentes países y su ubicación precisa para poder, mediante la inteligencia artificial, identificar y rastrear de dónde provienen las pieles comercializadas ilegalmente, de manera que se pueda contactar con las autoridades pertinentes de diferentes países y ayudar a acabar con los traficantes de vida salvaje. La creación de esta base de datos con miles de fotografías, distinguiendo cuáles imágenes corresponden a tigres reales y cuáles no, por ejemplo, imágenes de tigres de peluche, es un trabajo lento y minucioso que también se realiza con la ayuda de la inteligencia artificial.

La EIA ha hecho una llamada pública pidiendo que cualquier persona que vea tigres, muertos o vivos, les envíe fotografías, junto con cualquier información identificativa y de ubicación, para ayudar a ampliar la base de datos.

Se espera que la tecnología también se utilice pronto para ayudar a otras especies vulnerables y evitar que los traficantes hagan negocio con este comercio ilegal. Por el momento, sin embargo, el enfoque es comenzar por ayudar a salvar a estos grandes felinos.

44/100

PREDICIENDO LA EVOLUCIÓN DE LOS GLACIARES

Durante muchos años, los científicos han estado estudiando grandes cuestiones sobre nuestro clima y nuestro sistema terrestre y han acumulado una gran cantidad de datos que ahora pueden ser utilizados para entrenar modelos de IA. De hecho, en la última década, el uso de la IA en el campo de la geociencia ha aumentado considerablemente.

En diciembre de 2021, investigadores de la Universidad de Zurich liderados por Guillaume Jouvet han publicado, en la revista *Journal of Glaciology*, los resultados obtenidos con un nuevo modelo de glaciares, basado en IA, que puede simular la dinámica del movimiento del hielo, así como la interacción del hielo con el clima, mil veces más rápidamente que los modelos físicos tradicionales empleados hasta entonces. Este nuevo modelo permite predecir la evolución de los glaciares teniendo en cuenta diferentes escenarios, variando los parámetros del modelo, y responder así a una gama más amplia de preguntas.

Durante las últimas dos décadas, se han hecho grandes esfuerzos para desarrollar modelos basados en la física para simular el flujo del hielo en glaciares y sus procesos físicos asociados, así como su interacción con el clima. La complejidad de estos modelos hace que su simulación tenga un alto costo computacional. Por este motivo, la mayoría de los simuladores existentes utilizan aproximaciones numéricas para resolver la ecuación de Navier-Stokes que describe el comportamiento de fluidos incompresibles. Estas aproximaciones numéricas implican un compromiso entre la precisión del modelo y su coste computacional. Los investigadores de Zúrich afirman que la principal ventaja de aplicar el aprendizaje automático es eludir la modelización física, haciendo que el coste computacional sea mucho menor sin perder precisión. Los investigadores entrenaron una red neuronal artificial introduciendo datos sobre capas de hielo a diferentes profundidades para que pudiera emular la dinámica del glaciar, ya que el cálculo de esta dinámica es la parte más costosa utilizando modelos físicos tradicionales y, por lo tanto, es donde el uso de la IA conlleva más ventajas. Los investigadores tienen previsto validar su modelo reconstruyendo la evolución de glaciares en los Alpes a lo largo de los 100.000 años del último ciclo glaciar. Estudiar los glaciares con escalas temporales tan largas requeriría semanas o meses con los modelos físicos tradicionales, ahora con la IA se podrá hacer en cuestión de horas.

No todos los problemas geocientíficos se pueden resolver con IA, ya que algunas preguntas no se adaptan bien a las técnicas clásicas de aprendizaje automático. En particular, algunos fenómenos terrestres son eventos extremos y sus patrones no se pueden aprender a partir de datos históricos, ya que no hay suficientes datos. Por el momento, en esos casos, se combinan técnicas antiguas y nuevas para dar respuesta a algunas de las grandes preguntas de la geociencia.

Dado que el agua de deshielo de los glaciares es un componente importante del aumento del nivel del mar, modelos como este son una herramienta valiosa para evaluar su contribución a este aumento y cuantificar mejor las consecuencias del cambio climático.

45/100

DETECTANDO TERREMOTOS

Los terremotos masivos no solo sacuden la tierra, sino que también modifican, de forma casi imperceptible, el campo gravitatorio de nuestro planeta. Científicos de la Universidad Côte d'Azur de Niza liderados por Andrea Licciardi han entrenado ordenadores para identificar estos pequeños cambios en el campo gravitatorio, demostrando cómo se pueden utilizar las señales generadas por estos cambios para marcar la ubicación y la intensidad de grandes terremotos casi instantáneamente. Es un primer paso para resolver un problema importante en sismología: cómo lograr un sistema de alerta rápida que, además, mida la verdadera magnitud de un terremoto masivo unos instantes después de que ocurra.

Determinar casi instantáneamente la verdadera magnitud de un terremoto masivo es importante porque sin esta capacidad es mucho más difícil emitir avisos de peligro de manera rápida y eficaz que podrían salvar vidas. Los métodos actuales de detección basados en ondas sísmicas, que se propagan por el suelo, tienen grandes dificultades para distinguir entre, por ejemplo, un terremoto de magnitud 7,5 y uno de magnitud 9 en los instantes siguientes al terremoto, debido a que las amplitudes de las primeras ondas sísmicas que llegan a las estaciones de monitoreo son muy similares.

Pero las ondas sísmicas no son los únicos primeros signos de un terremoto. La enorme masa de las placas tectónicas que se mueven cuando hay un gran terremoto también provoca cambios en la densidad de las rocas en distintos puntos. Estos cambios de densidad se traducen en pequeños cambios en el campo gravitatorio de la Tierra, produciendo lo que se denomina ondas elastogravitacionales, que viajan a través del suelo a la velocidad de la luz, es decir, mucho más rápidamente que las ondas sísmicas.

Hasta hace poco, los geofísicos creían que las pequeñas señales producidas por las ondas elastogravitacionales no se podían detectar debido a que eran indistinguibles del ruido de fondo de los instrumentos que las miden. De hecho, cuando los científicos analizaron datos históricos de grandes terremotos encontraron que en los últimos 30 años solo seis megaterremotos habían generado señales identificables, incluido el terremoto Tohoku-Oki, de magnitud 9, que en 2011 produjo el devastador tsunami que inundó la central nuclear de Fukushima.

Los investigadores de Niza vieron la oportunidad de utilizar la IA para identificar las señales producidas por las ondas elastogravitacionales. Para hacerlo, entrenaron una red neuronal con una combinación de datos sísmicos reales recogidos en Japón y 500.000 señales gravitatorias generadas sintéticamente. Estos datos sintéticos son esenciales para el entrenamiento de la IA cuando los datos reales son demasiado escasos, ya que los modelos de aprendizaje automático requieren grandes cantidades de datos para encontrar patrones.

Una vez entrenado, el sistema de IA fue probado haciendo un seguimiento del origen y la evolución del terremoto de Tohoku-Oki de 2011 como si estuviera ocurriendo en ese momento. El algoritmo fue capaz de identificar con precisión tanto la magnitud como la ubicación del terremoto 50 segundos antes que usando otros métodos. Los resultados de esta investigación se publicaron en mayo de 2022 en *Nature*.

Este estudio es una prueba de concepto que abre la puerta a construir un sistema de alerta temprana que pueda funcionar a nivel mundial. Para lograrlo completamente, se necesitan instrumentos de medición mucho más sensibles que puedan detectar perturbaciones más pequeñas del campo gravitatorio causadas por terremotos relativamente más pequeños y mejorar las técnicas de tratamiento de señales para filtrar fuentes de ruido de fondo que podrían ocultar las señales elastogravitacionales. Como dicen los geofísicos, la Tierra es un entorno muy ruidoso, desde sus océanos hasta su atmósfera.

EXPLORANDO Y OBSERVANDO EL UNIVERSO

46/100

DE APOLO A ARTEMISA: EL RETORNO A LA LUNA

En 1972 los últimos humanos pisaron la Luna. Si durante más de 50 años no ha habido más expediciones ha sido debido a varios factores. El principal es el enorme coste económico que conlleva y que ninguno de los presidentes de los EE.UU., posteriores a Kennedy, ha querido asumir. Si Kennedy lo hizo era porque, en plena Guerra Fría, EE.UU. necesitaba ganar la carrera espacial a la Unión Soviética, el orgullo de toda una nación estaba en juego. Por otro lado, el programa Apolo tuvo efectos colaterales muy importantes en el desarrollo de la electrónica, la ciencia de materiales y sistemas de combustión, entre otras ciencias y tecnologías, que beneficiaron a la sociedad. Una vez ganada la carrera espacial y después de haber enviado una docena de astronautas a la luna gracias al programa Apolo, ya no valía la pena seguir dedicando tanto dinero para volver. Pero el interés por la Luna se ha reactivado, en parte porque hay un nuevo actor a batir en la renovada carrera espacial: China. En 2020, China logró situar un robot en la cara oculta de nuestro satélite. La NASA tiene previsto que su programa Artemisa (hermana gemela de Apolo en la mitología griega) logre llevar astronautas hasta el polo sur lunar, probablemente entre 2025 y 2028. Los astronautas concentrarán su exploración en esta área y toda la experiencia que se adquirirá con Artemisa será de gran utilidad para enviar en el futuro naves tripuladas a Marte. Esta es otra poderosa razón para volver a la Luna.

El polo sur lunar es un lugar muy interesante de explorar, ya que el Sol siempre se mueve cerca del horizonte debido a la inclinación axial de la Luna. Por este motivo la luz nunca llega al fondo de los cráteres más profundos que hay allí. En consecuencia, los suelos de estos cráteres son increíblemente fríos, incluso más fríos que la superficie de Plutón, con temperaturas de entre −170 °C y −240 °C. A temperaturas más altas, el hielo se convertiría instantáneamente en gas debido al vacío del espacio. Pero, bajo este frío extremo, el vapor de agua y otras sustancias volátiles quedan atrapadas o congeladas en el suelo lunar. Esta posible presencia de hielo es lo que hace que los suelos de estos cráteres sean lugares muy interesantes para explorar. El hielo no solo podría dar pistas sobre cómo se integra el agua en el sistema Tierra-Luna, sino que también podría ser un recurso importante para ser utilizado por los futuros astronautas para su consumo, la protección contra la radiación y como propulsor de cohetes.

Hasta no hace mucho había poco conocimiento sobre el polo sur de la Luna. Recientemente, un equipo internacional de investigadores ha aportado nuevos conocimientos desarrollando un método para entender mejor esta región. Su trabajo se publicó en la revista *Geophysical Research Letters* en agosto de 2022 por investigadores de la Escuela Federal Politécnica de Zúrich liderados por Valentin Bickel. El equipo utilizó imágenes tomadas por la cámara del *Lunar Reconnaissance Orbiter*. Esta cámara captura fotones que rebotan en las regiones sombreadas de las montañas adyacentes y las paredes de los cráteres. Con la ayuda de la IA, han logrado hacer un uso tan eficiente de estos datos que estas zonas oscuras se hacen visibles. Estos nuevos resultados permiten planificar con precisión las rutas hacia, y a través de, las regiones permanentemente sombreadas, lo que reducirá en gran medida los riesgos a los que están expuestos los astronautas y los exploradores robóticos de Artemisa. Gracias a las nuevas imágenes, los astronautas podrán dirigirse a lugares concretos para tomar muestras y evaluar la distribución del hielo. Hasta ahora, el equipo ya ha examinado más de media docena de lugares potenciales de aterrizaje.

Las conclusiones del estudio pueden tener implicaciones directas pues servirán para elegir el lugar del alunizaje de la misión robótica *Intuitive Machines* 2, prevista para finales de 2024. Esta misión tiene como objetivo recoger y analizar las primeras muestras de suelo de las zonas sombreadas del polo sur de la Luna, antes de la llegada de los astronautas.

47/100

ROBOTS EN MARTE

En 1997, la NASA envió el primer robot a Marte. Sojourner medía 65 cm de largo por 48 de ancho y 30 de alto, y pesaba unos 10 kg. Durante los 83 días que estuvo operativo, recorrió aproximadamente 100 metros a una velocidad de un centímetro por segundo y nunca se alejó más de unos 12 metros de la nave *Pathfinder*. Envió 555 fotografías y tomó muestras del suelo y de rocas para analizar sus propiedades químicas mediante espectrometría de rayos X. Aunque estaba equipado con dos cámaras para detectar posibles obstáculos durante sus limitados desplazamientos, en realidad no planificaba autónomamente su navegación, ya que desde la NASA enviaban instrucciones paso a paso al sistema de navegación que controlaba los giros y desplazamientos del robot. Por lo tanto, no estaba equipado con ninguna IA, pero abrió el camino para futuros robots que ya incorporaron la IA en mayor o menor medida.

En 2004, la NASA envió a Marte los robots Spirit y Opportunity. Ambos eran mucho más grandes que Sojourner y pesaban alrededor de 180 kg. Inicialmente, se suponía que estarían operativos durante 90 días, pero ambos superaron ampliamente esas expectativas. De hecho, Spirit estuvo operativo hasta el año 2009 y Opportunity estuvo totalmente operativo hasta finales de 2016 y parcialmente hasta junio de 2018. Opportunity tomó cientos de miles de fotografías y recorrió unos 45 km. El sistema de navegación de Spirit y Opportunity era mucho más sofisticado que el de Sojourner, ya que la NASA enviaba las coordenadas de ubicaciones cercanas a la posición del robot y el sistema de navegación dirigía autónomamente el robot hacia esas ubicaciones, evitando posibles obstáculos no previamente detectados por el teleoperador. Cada vez que el robot alcanzaba una de estas ubicaciones, el teleoperador enviaba las coordenadas de la siguiente y así sucesivamente hasta llegar a la posición final previamente programada. Se trataba de una IA limitada, como lo demuestra el hecho de que Spirit quedó bloqueado para siempre por un obstáculo que no supo detectar.

La experiencia con estos robots permitió a la NASA enviar el robot Curiosity a Marte en 2012. Es muy destacable que a día de hoy (30 de marzo de 2024) Curiosity siga operativo después de haber recorrido unos 30 km. Pesa alrededor de 900 kg y en lugar de paneles solares, como sus predecesores, se alimenta de energía nuclear. Se encuentra en el cráter Gale, en las antípodas de Opportunity. Su misión también consiste en analizar el suelo y las rocas y encontrar indicios de la antigua presencia de agua en Marte. Desde el punto de vista de la IA, Curiosity es mucho más sofisticado. Por un lado, su *software* de navegación y su sistema de visión estereoscópica le permiten realizar desplazamientos autónomos mucho más largos que sus predecesores. Además, a mediados de 2016, le instalaron remotamente un *software*, llamado AEGIS, que le permite tomar decisiones sobre los objetivos científicos a los que dirigirse. AEGIS permite apuntar un láser para obtener datos geoquímicos sobre objetivos muy pequeños, con una precisión superior a la que un teleoperador desde la NASA podría lograr. Además, es capaz de priorizar sus objetivos en base a informaciones previamente proporcionadas sobre las características que deben tener las rocas a analizar. Esta capacidad de decisión autónoma es muy importante para reducir el tiempo necesario para llevar a cabo las mediciones y experimentos científicos, ya que Curiosity, gracias a su mayor autonomía, no tiene que esperar horas hasta que lleguen las instrucciones transmitidas desde la NASA.

El 18 de febrero de 2021, el robot Perseverance fue enviado a Marte llevando a bordo el dron Ingenuity. El objetivo inicial del dron era realizar pruebas de vuelo en la atmósfera marciana cuya densidad es del 1% de la densidad de la atmósfera terrestre, pero, dado el éxito de los primeros vuelos, el objetivo se centró en apoyar la misión científica del robot mediante la cartografía y exploración del terreno. Durante los vuelos, tomó fotos en color y exploró la superficie con una cámara para facilitar la navegación del Perseverance. Ingenuity, en su 72.°, y último, vuelo el 18 de junio de 2023, dañó las palas de su rotor durante el aterrizaje y quedó inutilizado. Perseverance incorpora una versión mejorada del sistema AEGIS que le da más autonomía para buscar señales de vida microbiana y recoger muestras del suelo. Poco después, China envió también su primer robot a Marte y anunció que enviaría más. ¡Pronto puede que haya problemas de tráfico en Marte!

48/100

¿ESTÁ E.T. AHÍ AFUERA?

¿Estamos solos en el universo? Esta es una de las grandes preguntas que a menudo nos hacemos. Pero ahora, algunos de los mejores científicos y empresas tecnológicas del mundo están buscando responder una pregunta aún más sorprendente: ¿Ya nos están visitando?

Esto solía ser visto como un tema de debate poco serio, limitado a historias sobre alienígenas reptiles que viven infiltrados entre nosotros. Pero las cosas parecen estar empezando a cambiar. En 2021, el presidente de los Estados Unidos, Joe Biden, no solo aprobó una nueva oficina del gobierno de los Estados Unidos para estudiar la naturaleza de los ovnis, sino que un académico muy prestigioso, el profesor Avi Loeb, que ocupa la cátedra más antigua del Departamento de Astronomía de la Universidad Harvard, lanzó el proyecto Galileo, con el objetivo de buscar ovnis. A primera vista, no parece un proyecto muy original, pero la novedad en esta ocasión es que la IA se está incorporando a la investigación de ovnis. Una empresa israelí de IA, Timbr, aporta una tecnología, que permite a los usuarios interactuar con bases de datos complejas mediante consultas sencillas. Si E.T. está allá afuera, la IA quizás nos ayudará a encontrarlo.

El proyecto Galileo es una iniciativa financiada por el sector privado que pretende incorporar la búsqueda de civilizaciones tecnológicas extraterrestres al corriente principal de la investigación científica. A diferencia del famoso Instituto SETI, que utiliza antenas para buscar señales de radio de posibles vecinos alienígenas, el proyecto Galileo busca objetos físicos y no señales electromagnéticas.

Galileo tiene previsto construir 100 telescopios especializados equipados con lentes de gran angular, tecnología infrarroja, receptores de radio y un sistema de audio. Los datos proporcionados por estos telescopios se combinarán con imágenes obtenidas por satélites para obtener las imágenes más completas y de mayor resolución jamás captadas de nuestros cielos. El papel del sistema de IA es ayudar a analizar y dar sentido a la enorme cantidad de datos generados por 100 telescopios multisensor que registrarán imágenes durante las 24 horas del día. Por ejemplo, deberá identificar si un objeto detectado es un dron, un avión o cualquier otra cosa.

El uso de la IA para analizar imágenes es ampliamente conocido, pero en el caso de Galileo no es tan simple como entrenar un algoritmo de aprendizaje automático para identificar objetos conocidos. El problema es que en el caso de los ovnis buscamos objetos que no forman parte de ningún catálogo de imágenes existentes que servirían para entrenar un algoritmo de aprendizaje automático.

Utilizando el sistema de Timbr, los expertos en IA que trabajan en el proyecto Galileo tendrán que refinar sistemáticamente los algoritmos de manera que reduzcan los falsos positivos (supuestos ovnis que, de hecho, no lo son) en base a ir refinando las características (tamaño, forma, color, ubicación, tiempo, etc.) de los objetos hasta llegar a una lista depurada de observaciones de objetos que no se puedan catalogar como objetos conocidos.

Además de construir telescopios terrestres, el proyecto Galileo también está trabajando en el desarrollo de una sonda espacial con una cámara conectada para intentar obtener fotos más claras y cercanas de los objetos.

Si la respuesta a la pregunta "¿estamos solos en el universo?" fuera negativa, deberíamos aceptar que quizás no somos la civilización más avanzada que existe. Los grandes científicos Copérnico y Darwin ya hicieron descender a la humanidad de dos pedestales, el primero demostrando que la Tierra no es el centro del universo y el segundo demostrando que no somos ni el centro ni la cima de la obra de un creador todopoderoso. Quizás ahora el proyecto Galileo pueda contribuir a hacer bajar del pedestal a la creencia de que somos la civilización más avanzada del universo.

49/100

ASTRÓNOMOS DE ESTAR POR CASA

Cada vez es más inusual que los astrónomos se desplacen hasta observatorios astronómicos y realicen observaciones *in situ*, ya que el control de los telescopios se puede hacer de forma remota desde la comodidad del hogar. Han quedado atrás los días en que astrónomos como Edwin Hubble vivían largas temporadas en las cimas de las montañas, observando el cielo noche tras noche, recopilando tantos datos como fuera posible.

La mayoría de los grandes telescopios modernos están robotizados y, por lo tanto, no requieren casi ninguna intervención humana, excepto la de los ingenieros responsables de su mantenimiento. La planificación de las observaciones también se controla mediante algoritmos de IA. Los astrónomos pueden solicitar observaciones durante ciertas noches, pero estas se reservan y controlan por un sistema automatizado que selecciona los mejores objetivos según la disponibilidad de los instrumentos y las condiciones meteorológicas. Toda esta planificación se realiza en pocos segundos.

Con los avances tecnológicos, tanto en la instrumentación de los telescopios como en las capacidades del *software*, fue necesario revisar y racionalizar el proceso de observación. No había otras opciones, ya que los humanos no solo somos propensos a cometer errores, sino que también necesitamos dormir, comer y socializar, mientras que una máquina puede seguir trabajando sin parar durante décadas. Esto es particularmente importante en el momento actual, en que la cantidad de datos que proporcionan los telescopios es, nunca mejor dicho, astronómica. El telescopio James Webb, por ejemplo, genera una cantidad tan inmensa de datos que es completamente imposible inspeccionarlos visualmente. Hoy día ya hay multitud de imágenes que ninguna persona verá jamás con sus propios ojos, y con el lanzamiento de nuevos telescopios en los próximos años, más y más imágenes pasarán a la categoría de datos inspeccionados únicamente por máquinas.

Los astrónomos también utilizan el aprendizaje automático para reconocer objetos celestes y predecir las señales que emiten. Se necesitaría toda una vida para inspeccionar millones de objetos astronómicos, pero un algoritmo de aprendizaje automático puede hacerlo en cuestión de minutos. Estos desarrollos han dado lugar a la creación de sistemas que recopilan datos de los telescopios, aplican aprendizaje automático para identificar determinados objetos y luego transmiten la información a los equipos científicos interesados.

Incluso con la ayuda de los programas de aprendizaje automático, muchos de los datos que se generarán durante el próximo siglo pasarán desapercibidos, a menos que casi todo el mundo pueda hacer astronomía desde casa simplemente descargando datos públicos en su ordenador. Los astrónomos necesitan tanta ayuda como sea posible porque, aunque el aprendizaje automático tiene una utilidad enorme, en su estado actual aún no se puede comparar con los ojos y los cerebros humanos.

MACHINA LUDENS

50/100

JUGANDO AL AJEDREZ

AlphaZero es un *software* que aprendió a jugar al ajedrez, go y shogi. Para alcanzar el nivel de los mejores jugadores de ajedrez humanos, le bastó con jugar contra sí mismo durante solo una hora y media.

La arquitectura básica de este *software* incluye tres técnicas de IA. Por un lado, utiliza aprendizaje por refuerzo cuando juega contra una copia de sí mismo. Este aprendizaje consiste en reforzar (es decir, valorar más) aquellas jugadas que conducen a ganar o, en el peor de los casos, a no perder. También utiliza una red neuronal para aprender a estimar los valores de calidad de diferentes posiciones, así como para estimar las probabilidades de los posibles movimientos en cada posición. Para seleccionar el movimiento a jugar en cualquier posición del tablero, AlphaZero aplica Monte Carlo Tree Search (MCTS), una técnica que se basa en simulaciones aleatorias de posibles continuaciones de la partida desde una posición dada y que cuenta los resultados favorables (partidas ganadas o empatadas) que resultan de los movimientos jugados. En el caso del ajedrez, AlphaZero jugó durante 9 horas un total de alrededor de 44 millones de partidas contra sí mismo, pero ya había alcanzado un nivel de juego comparable al de los mejores jugadores humanos después de aproximadamente 7 millones de partidas.

Ha habido algunas especulaciones afirmando que AlphaZero no solo es, con diferencia, el *software* que juega mejor al ajedrez, sino que también juega al ajedrez de una manera similar a como juegan los mejores jugadores humanos. Esta afirmación se basa en una comparación entre AlphaZero y Stockfish, posiblemente el programa de jugar al ajedrez más potente antes de aparecer AlphaZero. AlphaZero derrotó de manera convincente a Stockfish ganando 28 partidas de un total de 100 y empatando las otras 72. Una diferencia importante entre estos dos programas es el número de posiciones por segundo que necesitan calcular respectivamente para efectuar cada movimiento. Stockfish calcula alrededor de 70 millones de posiciones por segundo en comparación con las 80.000 de AlphaZero. Esto fue interpretado por algunos como indicativo de un estilo de juego "más humano". Sin embargo, los humanos solo pueden calcular unas pocas decenas de posiciones antes de cada movimiento, es decir, muy pocas posiciones por segundo.

Los humanos confían en un conocimiento profundo del ajedrez y una gran intuición para compensar esta capacidad inferior de cálculo. El argumento a favor de un estilo más humano de juego sería que AlphaZero, con una velocidad unas mil veces inferior que Stockfish, debe de tener mejores conocimientos de ajedrez para poder ganar. Este argumento es, en el mejor de los casos, parcialmente cierto, pero no completamente cierto. La razón de no ser completamente cierto es que, en términos de velocidad, AlphaZero aún es miles de veces más rápido que los humanos. Lo que parece cierto, sin embargo, es que, gracias a la técnica de búsqueda de Monte Carlo, los movimientos realizados por AlphaZero se corresponden mejor con el hecho de tener en cuenta aspectos posicionales a largo plazo. Esto, en el caso de los mejores jugadores humanos, se atribuye a una profunda comprensión del juego. Por lo tanto, en comparación con otros programas, los movimientos jugados por AlphaZero puede que se parezcan más a los movimientos de jugadores humanos.

Los jugadores humanos de ajedrez han sido ampliamente superados por los programas desde hace más de 25 años. Por este motivo, una cuestión interesante es si podemos aprender a jugar mejor gracias a estos programas y en particular gracias a AlphaZero. Lo ideal sería que AlphaZero pudiera comentar sus partidas explicando sus decisiones en términos comprensibles para los jugadores humanos. Así, estos podrían aprender nuevos conceptos e ideas, mejorar sus propios conocimientos y ser capaces de utilizarlos cuando juegan. Sin embargo, los programadores no han prestado atención a la posibilidad de que AlphaZero pueda explicar sus decisiones. Como resultado, AlphaZero posiblemente haya encontrado estrategias nuevas sobre ajedrez, pero, desafortunadamente, no son accesibles para nosotros.

51/100

JUGANDO A PÓKER

Diversos sistemas basados en IA han logrado resultados espectaculares en juegos de suma cero con dos jugadores (es decir, donde uno gana y el otro pierde), como el ajedrez, el shogi o el go. Recientemente, una IA llamada Pluribus ha sido capaz de derrotar a jugadores de élite en la modalidad Texas Hold'em Poker con seis jugadores, el formato de juego de póker más común. El póker captura con elegancia los desafíos de los juegos con información oculta. Potencialmente, hay demasiadas decisiones que gestionar, por lo que las decisiones más similares se agrupan en un proceso de simplificación llamado abstracción.

Los sistemas de IA que ganan en juegos de suma cero se acercan a las estrategias de equilibrio de Nash y generan movimientos en consecuencia. En un juego entre dos o más jugadores, un equilibrio de Nash se da cuando cada jugador conoce las estrategias de equilibrio de los otros jugadores, y ningún jugador tiene nada que ganar si cambia unilateralmente su propia estrategia. Sin embargo, encontrar el equilibrio de Nash de un juego que no es de suma cero, como el póker de seis jugadores, con información oculta, no es solo muy complejo, sino que además es ineficiente. En lugar de eso, Pluribus adoptó un enfoque empírico. La estrategia de Pluribus se basó en jugar contra copias de sí mismo. Comenzó desde cero jugando de manera aleatoria y mejorando gradualmente a medida que aprendía qué acciones conducían a los mejores resultados. Este aprendizaje no se hizo solo antes de jugar contra sus oponentes, sino que también aprendía mientras jugaba, es decir que Pluribus mejoraba a medida que jugaba. En lugar de suponer que todos los jugadores juegan según una única estrategia fija, los creadores de Pluribus asumieron que cada jugador puede elegir entre cuatro estrategias generales diferentes. Cuando juega, el algoritmo realiza una búsqueda para identificar la mejor estrategia para cada situación.

En un experimento, Pluribus jugó 10.000 manos de póker durante 12 días. Cada día se seleccionaban cinco jugadores disponibles de un grupo de jugadores profesionales. Se repartieron 50.000 dólares entre los participantes humanos según su rendimiento. Pluribus pudo vencer a jugadores humanos de élite tanto en la modalidad de jugar contra cinco humanos más una copia de él mismo como contra cinco copias y un humano. El rendimiento se midió usando la métrica estándar en póker llamada *milli big blinds* por cada juego (mbb/juego). Pluribus ganó un promedio de 48 mbb/juego (con un error estándar de 25 mbb/juego), un rendimiento muy alto contra profesionales de élite. En la modalidad en que un humano jugaba contra cinco copias de Pluribus, estas se configuraron de manera que no pudieran cooperar.

Las técnicas de IA utilizadas por Pluribus no son específicas del póker, y no requieren ningún conocimiento experto del dominio. Pluribus también se puede utilizar para mejorar cómo construir una IA que pueda enfrentarse a entornos multiagentes, donde haya colaboración con humanos u otros agentes de IA.

52/100

CICERO Y DIPLOMACY

A largo plazo, un objetivo importante en IA es crear agentes que puedan planificar, coordinar y negociar, en lenguaje natural, acciones conjuntas con los humanos teniendo en cuenta las creencias, objetivos e intenciones de los interlocutores.

Diplomacy es un juego de estrategia con siete jugadores, donde cada uno controla las fuerzas de una de las siete grandes potencias europeas que había antes de la Primera Guerra Mundial. Los jugadores deben llevar a cabo negociaciones privadas, en lenguaje natural, para coordinar sus acciones con el fin de cooperar y competir entre ellos. El objetivo del juego es apoderarse de regiones en un mapa de Europa desplegando sus fuerzas. Un jugador gana cuando controla la mayoría de regiones. El juego también puede terminar cuando todos los jugadores aceptan un empate, o se alcanza un número límite de turnos de juego previamente establecido. En este caso, las puntuaciones se determinan en función del número de regiones que controla cada jugador. En cada turno, todos los jugadores participan en un diálogo privado por parejas durante un período prefijado de tiempo y, a continuación, todos los jugadores eligen simultáneamente una acción que consiste en tomar una decisión sobre cada región que controlan. Por ejemplo, una fuerza de una región puede apoyar a otras fuerzas, incluidas las de otro jugador. Hasta ahora, los grandes éxitos de la IA en juegos habían tenido lugar básicamente en juegos como el ajedrez o el go, donde solo hay competición, pero no cooperación, y por lo tanto no hay comunicación entre los jugadores. En estos juegos, los algoritmos de aprendizaje por refuerzo aprenden jugando contra sí mismos y convergen hacia una política óptima.

Sin embargo, en los juegos que implican cooperación, jugar contra sí mismo no garantiza que la política aprendida funcione bien a la hora de jugar contra los humanos, porque el algoritmo puede haber convergido hacia una política incompatible con las normas y expectativas humanas. Así, un desafío importante para Diplomacy es desarrollar una forma de aprovechar los beneficios de jugar contra sí mismo de manera que conduzca a un lenguaje y un comportamiento compatibles con los humanos. Además, Diplomacy es especialmente difícil porque requiere generar confianza en un contexto en el que, en principio, los jugadores no deberían confiar en nadie. Las acciones en cada turno se producen simultáneamente después de negociaciones privadas no vinculantes. Para tener éxito, un jugador debe tener en cuenta la posibilidad de que los otros jugadores no se mantengan fieles a su palabra. Por este motivo, la capacidad de razonar sobre las creencias, los objetivos y las intenciones de los demás y la capacidad de persuadir y establecer relaciones a través del diálogo son habilidades poderosas en este juego. Por lo tanto, este juego plantea grandes desafíos para la IA.

En noviembre de 2022, un equipo de investigadores de diversas procedencias publicó en la revista *Science* los resultados obtenidos por Cicero, un nuevo sistema de IA que ha alcanzado un nivel de juego comparable al de jugadores humanos jugando a Diplomacy. Cicero combina un módulo de diálogo con un proceso de razonamiento estratégico. Durante el juego, modela cómo actuarán los otros jugadores según el estado del juego y los diálogos que ha mantenido con ellos. A continuación, planifica cómo los jugadores pueden coordinarse para su beneficio mutuo y comunica estos planes en mensajes en lenguaje natural.

Entre el 19 de agosto y el 13 de octubre de 2022, Cicero participó de manera anónima en un torneo en línea consistente en jugar 40 partidas de Diplomacy contra 82 jugadores humanos. Después de 72 horas de juego, que supusieron el intercambio de 5.277 mensajes, Cicero se clasificó entre el 10% de los mejores participantes. En este torneo los turnos de negociación estaban limitados a cinco minutos para que las partidas se completaran en un máximo de dos horas. Cicero combinó el razonamiento estratégico y el diálogo para cooperar y negociar con humanos en una tarea compleja, logrando un rendimiento a nivel humano. Además, ninguno de los 82 jugadores humanos sospechó en ningún momento que Cicero fuera un *software* de IA.

53/100

MEJORANDO EL FÚTBOL

En los últimos años, la cantidad de datos que se pueden captar durante un partido de fútbol ha aumentado con el uso de sensores, sistemas GPS y algoritmos de visión por computadora para hacer un seguimiento del movimiento del balón y de los jugadores. La IA ofrece a los equipos de fútbol la posibilidad de extraer patrones de juego y hacer predicciones en base a todos estos datos. El fútbol ofrece un entorno restringido pero desafiante para los algoritmos, ya que hay muchos agentes que compiten y colaboran.

Se puede entrenar un modelo basado en datos sobre un equipo y una alineación específicos para predecir cómo reaccionarán sus jugadores en cada situación particular: por ejemplo, si se hace un pase largo contra un equipo en concreto, un jugador determinado correrá hacia una dirección determinada, mientras que otro puede correr en una dirección diferente para recibir el pase posterior.

Este modelo se puede utilizar, por ejemplo, para predecir las implicaciones de un cambio táctico, o cómo podría afectar al juego del equipo oponente la lesión de un jugador clave. Estos son aspectos que los entrenadores obviamente también pueden predecir. El objetivo no es diseñar herramientas para sustituirlos. Hay muchos datos, demasiados, de modo que no es fácil gestionarlos eficientemente. La IA es, por lo tanto, una tecnología de asistencia.

En un artículo publicado en septiembre de 2021 en el *Journal of Artificial Intelligence Research*, un grupo numeroso de investigadores de DeepMind analizó más de 12.000 lanzamientos de penales hechos en toda Europa durante las últimas temporadas, categorizando a los jugadores en grupos según su estilo de juego y luego utilizando esta información para predecir cómo era más probable que lanzaran un penalti y la probabilidad de marcar. Los delanteros, por ejemplo, tenían más probabilidades de enviar el balón a la esquina inferior izquierda que los centrocampistas, que adoptaron un enfoque más diverso.

Otros modelos son capaces de estimar hasta qué punto una acción específica, como un pase, contribuyó a marcar un gol. Este análisis se hace *a posteriori* para mostrar a los jugadores por qué deberían haber hecho una cosa en lugar de otra. Por ejemplo, haber pasado el balón en lugar de lanzar a puerta. Otro modelo, basado en datos sobre el rendimiento de los jugadores (fuerza y condición física), podría ser capaz de hacer un seguimiento de la fatiga mejor que los entrenadores humanos y recomendar a los jugadores que descansen antes de lesionarse.

Puede haber también casos en que una IA llegue a conclusiones extrañas como decidir que la mejor manera de ganar partidos es dejar que el oponente controle el balón y esperar a que cometa un error. Por eso es importante que los resultados del modelo estén filtrados por expertos, para evitar razonamientos defectuosos de los sistemas de IA. No se trata de robotizar el fútbol, se trata de mejorar el fútbol humano.

La IA no sustituirá a los entrenadores, pero su impacto podría incrementarse durante la próxima década. El objetivo es tener un sistema perfecto que se integre bien con el jugador humano en el campo de juego y facilite su trabajo. En los próximos años, estas herramientas estarán más desarrolladas, y veremos sistemas de IA que podrán ayudar en los análisis pre y pospartido, o analizar la primera mitad de un partido y dar consejos sobre qué se podría hacer para mejorar en la segunda.

La IA combina la visión por computadora, el aprendizaje estadístico y la teoría de juegos para ayudar a los equipos a detectar patrones de juego que de otra manera no se detectarían. Aplicar la IA al fútbol podría hacer que jugadores y entrenadores tomen mejores decisiones.

54/100

REVOLUCIONANDO EL TENIS

El análisis de datos lleva mucho tiempo existiendo en el deporte. El ejemplo más conocido de su uso se remonta a 2002, cuando un equipo de béisbol de Oakland (California) utilizó el análisis estadístico para seleccionar los componentes del equipo, en lugar de depender de la sabiduría de los entrenadores. Esta experiencia dio lugar al libro de Michael Davis *Moneyball*, publicado en 2003, que más tarde se convertiría en una película protagonizada por Brad Pitt.

El tenis también ha visto esta revolución. Para el estratega y entrenador de tenis Craig O'Shannessy, el Open de Australia de 2015 fue un momento clave. Mientras Novak Djokovic y Andy Murray luchaban en la pista, varios ordenadores analizaban los datos y clasificaban la duración de los puntos en tres categorías diferentes: corta, media y larga. Esto permitió descubrir que en el 70% de los puntos cada jugador golpeaba la pelota un máximo de solo dos veces. O'Shannessy, que colaboró con Novak Djokovic, afirmó que estos análisis de datos le permitieron darse cuenta de que la forma en que los jugadores entrenaban era incorrecta. Dijo: "El 90% de los entrenamientos se centra en mejorar la consistencia del juego, pero solo el 10% de los puntos se hacen después de un intercambio de más de nueve golpes." También dijo: "Estos datos cambiaron nuestro deporte para siempre."

De hecho, los entrenadores ahora disponen de herramientas de IA, entrenadas con grandes cantidades de datos. La IA puede detectar patrones que un ser humano nunca podría ver. En particular, puede desglosar los golpes ganadores de múltiples maneras. Por ejemplo, cuántos de ellos son puntos de servicio, restos, voleas, remates, dejadas, globos, golpes de revés, etc.

Raghavan Subramanian, responsable de una plataforma de *software* que analiza datos y vídeos de partidos de tenis, en colaboración con la Asociación de Profesionales del Tenis (ATP) y con el Open de Francia, dijo que en los últimos cuatro años la precisión ha ido mejorado gracias a la disponibilidad de más datos de entrenamiento. Mediante una aplicación llamada Roland Garros Players, los jugadores pueden analizar los partidos con gran precisión. Por ejemplo, pueden ver exactamente su posición en la pista en los puntos clave, tanto los golpes ganadores como los golpes erróneos y en particular los servicios. Según Subramanian, hay miles de jugadores y entrenadores que utilizan vídeos basados en IA.

La IA también está acelerando la cobertura mediática de los torneos posibilitando seleccionar fragmentos de los partidos para crear contenidos de vídeo en cuestión de segundos, un trabajo que normalmente llevaría horas para un equipo de personas. Así, los aficionados pueden acceder y analizar los momentos destacados del partido casi inmediatamente después de que haya finalizado.

Aunque la IA se está convirtiendo en una herramienta poderosa para el tenis, solo es una herramienta. Los factores humanos y emocionales siguen siendo el principal elemento que hace interesante el tenis y el deporte en general. La IA para mejorar el rendimiento beneficia principalmente a los atletas de primer nivel. Se necesitará tiempo para que sus beneficios lleguen al público en general.

CREATIVIDAD EN ARTES Y CIENCIAS

55/100

HACIA LA CREATIVIDAD COMPUTACIONAL

La creatividad computacional consiste en desarrollar *software* capaz de exhibir un comportamiento que podríamos considerar creativo. Las investigaciones en creatividad computacional también tienen como objetivo estudiar los procesos creativos humanos y asistir a las personas mejorando sus procesos creativos. La creatividad no es algo fuera del alcance del estudio científico, sino que se puede investigar y, hasta cierto punto, emular mediante IA.

La creatividad parece misteriosa porque es muy difícil de explicar cómo surgen las ideas creativas y por este motivo a menudo recurrimos a nociones vagas, como inspiración e intuición, para explicarla. El hecho de no ser conscientes de cómo una idea creativa se manifiesta no implica necesariamente que no pueda existir una explicación científica. De hecho, no somos conscientes de cómo realizamos muchas otras actividades, como el procesamiento del lenguaje, pero tenemos cada vez mejores técnicas de IA capaces de replicarlas.

Dado que nada puede surgir del vacío, debemos entender que toda idea creativa está precedida por un esquema histórico-cultural fruto de nuestra herencia cultural y las experiencias vividas. Dicho de otra manera, el germen de nuestra cultura, todo nuestro conocimiento y nuestra experiencia están detrás de cada idea creativa. Cuanto mayor sea nuestro conocimiento y experiencia, mayor será la probabilidad de que encontremos relaciones que conduzcan a una idea creativa. Una definición ampliamente aceptada de creatividad es: "Una idea creativa es una combinación nueva y valiosa de ideas conocidas." En otras palabras, nuevos teoremas matemáticos, nuevas obras musicales, nuevas narraciones, pueden generarse a partir de un conjunto finito de elementos existentes. De hecho, la creatividad implica memoria, analogía, aprendizaje y razonamiento, aspectos que la IA es capaz de emular.

A pesar de los éxitos de algunas aplicaciones de creatividad computacional, alcanzar los más altos niveles de creatividad aún está fuera del alcance de la IA porque requiere no únicamente generar combinaciones nuevas y valiosas de ideas conocidas, sino inventar conceptos e ideas radicalmente diferentes. La razón es que una idea radicalmente diferente implica romper las reglas existentes y los sistemas de IA no pueden romper reglas. Por ejemplo, en las artes plásticas, el cubismo rompió, entre otras cosas, la regla de que hubiera un único punto de fuga y con la música atonal se rompió la regla de la existencia de una tonalidad central en las obras musicales. Sin embargo, también es cierto que estos niveles de creatividad tampoco están al alcance de la inmensa mayoría de personas.

Es importante señalar que el objetivo principal de la creatividad computacional no es la sustitución de humanos por máquinas, sino la posibilidad de aumentar la creatividad humana mediante lo que denominamos creación asistida. La idea de aumentar la creatividad humana a través de la tecnología no es nueva. En 1962, Douglas Engelbart también trabajó en aumentar la creatividad colectiva, mejorando la capacidad de resolución de problemas trabajando en grupo, mediante el uso de plataformas informáticas para facilitar el trabajo cooperativo. La idea básica era que la creatividad es un proceso social que puede aumentarse a través de la tecnología. Si proyectamos estas ideas hacia el futuro, podríamos imaginar un mundo donde la creatividad sea altamente accesible y donde muchas personas podrían mejorar significativamente su capacidad creativa e incluso descubrir nuevas formas de expresión.

La principal crítica a la creatividad computacional es que no puede ser creativa porque la máquina no tiene intencionalidad ni es consciente de lo que hace. Es cierto, pero no está claro que estas limitaciones sean fundamentales para negar su potencial creativo. De hecho, las computadoras no serían el primer ejemplo de creadores inconscientes e involuntarios. La evolución es el primer ejemplo, como señaló el paleontólogo Stephen Jay Gould en *Creating the creators*: "Si el acto de crear requiriera un creador visionario, entonces ¿cómo habría podido la evolución lograr algo tan espléndido como nosotros mismos?"

56/100

¡EUREKA!

La serendipia es la forma de descubrir algo nuevo a partir de hallazgos casuales e inesperados cuando se está buscando otra cosa. El origen de esta palabra se encuentra en el cuento persa *Los tres príncipes de Serendip*. En este cuento, tres príncipes demuestran una extraordinaria capacidad de análisis basada en la observación de pequeños detalles que les permiten encontrar las causas de los hechos observados. La fama del cuento en Occidente se debe en gran parte a Voltaire, quien lo utilizó en su célebre obra *Zadig, o el Destino*, publicada en 1748. El biólogo Thomas Huxley, abuelo del autor de la novela *Un mundo feliz*, denominaba "profecía retrospectiva" a la suma de casualidades que conducen a un hecho observable y fue el primero en relacionarlo con la ciencia mediante lo que él llamó "método Zadig", en referencia a la obra de Voltaire. Es decir, el método que consiste en obtener conocimientos aprovechando hallazgos casuales. La historia de la ciencia está llena de descubrimientos gracias a la serendipia. Veamos algunos ejemplos:

Arquímedes, más de 200 años antes de Cristo, descubrió su famoso principio al observar, mientras se bañaba en los baños públicos de Siracusa, que el peso del volumen de agua que su cuerpo desplazaba equivalía a la disminución de su peso al sumergirse. La leyenda dice que salió completamente desnudo a la calle gritando la famosa exclamación: "¡Eureka!"

En el verano de 1928, Alexander Fleming estaba investigando la gripe y, al analizar un cultivo de estafilococos en una placa, vio una zona más clara que el resto. Le pareció extraño y, tras un examen detallado, vio que en esa zona había un hongo pluricelular y que el color más claro de la zona se debía a que el hongo eliminaba los estafilococos. Fleming aisló el hongo y vio que pertenecía al género *Penicilium* y llamó penicilina a esta sustancia antibiótica.

La radiografía, el horno de microondas, el velcro, el post-it o la viagra son otros ejemplos famosos de descubrimientos gracias a la serendipia. A estos momentos "Eureka" quizá pronto se podrá llegar bajo demanda gracias a la invención asistida por ordenador. Hay algoritmos que imitan la manera de producir nuevos y mejores diseños y otros que buscan carencias en tecnologías ya patentadas, que nuevos diseños podrían evitar. Estos algoritmos abordan el problema del diseño imitando la selección natural y por este motivo se llaman algoritmos genéticos. Las características deseadas se describen mediante un "genoma" donde los "genes" representan parámetros del diseño. En el caso del diseño de circuitos electrónicos, los genes son las tensiones deseadas, las corrientes, etc. El proceso comienza con un conjunto inicial de muestras más o menos aleatorias de genomas, donde cada muestra corresponde a un diseño operativo, aunque subóptimo. Al cruzar los genomas parentales de este grupo inicial e introducir mutaciones, se generan descendientes que heredan características de cada padre, además de rasgos nuevos potencialmente beneficiosos. En una simulación se prueba la adecuación de cada descendiente en relación con las propiedades buscadas. Los mejores son seleccionados y se convierten en el grupo genético que participará en la siguiente ronda de reproducción. Este proceso se repite una y otra vez hasta que, como sucede con la selección natural, sobrevive el diseño más adecuado. Solo hay un problema con el uso de algoritmos genéticos: ¡hay que saber de antemano qué se quiere inventar para que el algoritmo pueda mejorarlo! Los algoritmos genéticos son buenos a la hora de optimizar inventos preexistentes, pero incapaces de plantearse cosas realmente nuevas, es decir, romper reglas. ¡Esta capacidad aún pertenece a los humanos!

57/100

DE LA PALABRA A LA IMAGEN

A principios del año 2021, la empresa de IA OpenAI presentó un *software* de IA generativa, llamado DALL-E (notemos que en inglés se pronuncia Dalí), con la sorprendente capacidad de generar imágenes a partir de su descripción mediante un texto.

Se trata de una red neuronal, basada en el modelo de lenguaje GPT-3, desarrollado también por la misma empresa, que puede generar textos largos basados en un texto iniciador (*prompt*) generalmente breve, pero DALL-E produce imágenes en lugar de palabras. DALL-E se entrena utilizando un conjunto de imágenes que ya están asociadas con pequeños textos, y luego utiliza lo que ha aprendido para intentar construir una imagen adecuada cuando se le da una descripción textual de una nueva imagen que se quiere obtener. Esto lo hace en base a una comprensión muy limitada y superficial del significado del texto que se le da. Aun así, puede llegar a producir imágenes bastante adecuadas al texto. Construye las imágenes elemento a elemento en función de lo que ha "entendido" a partir del texto introducido. Si se proporcionan partes de una imagen preexistente junto al texto, también tiene en cuenta los elementos visuales de esa imagen. Por ejemplo, si se le da una imagen de la cabeza de un *Tyrannosaurus rex* y el texto "genera un *T. rex* con esmoquin", DALL-E puede dibujar todo el cuerpo del *T. rex* vestido con esmoquin. El modelo genera centenares de imágenes para cada texto, que luego se filtran mediante un modelo informático separado, llamado CLIP, que elige las mejores imágenes generadas por DALL-E. CLIP se entrenó con 400 millones de pares imagen-texto encontrados en Internet y predice qué fragmentos de texto se asocian con qué imágenes. Analiza los sustantivos, los verbos y los adjetivos, y funciona igual que muchos sistemas de clasificación de imágenes cuando se enfrenta a imágenes que no ha visto antes.

Un problema con DALL-E es que se trata de una red neuronal enormemente grande que requiere ajustar decenas de millones de parámetros para ser entrenada, lo que significa que necesita ordenadores con una gran cantidad de procesadores que consumen mucha energía y son excesivamente costosos. A finales de 2021, la misma compañía ha anunciado un nuevo sistema, llamado Glide, que requiere cuatro veces menos parámetros y produce resultados aún mejores. El nuevo sistema utiliza la técnica del modelo de difusión, que se entrena utilizando un gran conjunto de imágenes, pero la novedad es que estas imágenes se destruyen gradual y deliberadamente añadiendo ruido. Se empieza con una imagen perfectamente clara y se le añade una capa de ruido que la degrada ligeramente. Luego se añade más ruido, y así sucesivamente, hasta que la imagen es puro caos. La red neuronal se entrena observando este proceso y, en consecuencia, aprende a revertirlo. A continuación, cuando se le da la descripción textual de una imagen a generar, empieza con una imagen formada solo por ruido y la transforma en una imagen fotorrealista que coincida con la descripción del texto. Posteriormente han aparecido numerosos sistemas similares, basados también en el modelo de difusión, como por ejemplo Midjourney o Stable Diffusion, con resultados comparables.

Los modelos de difusión tienen dificultades para producir imágenes realistas cuando las descripciones son poco precisas como por ejemplo "dibuja una sala de estar acogedora". Para estos casos se necesita una interacción con los usuarios para que estos puedan seleccionar fragmentos de las imágenes y pedir que se añadan más detalles como por ejemplo agregar un cuadro a una pared.

Además de imágenes, también hay sistemas capaces de generar vídeos con apariencia muy realista, por ejemplo Sora, Gemini, Synthesia, entre muchos otros. Estas aplicaciones de la IA generativa plantean serios problemas no solo éticos, sino también legales. Por una parte, han sido entrenados mediante imágenes protegidas por derechos de autor sin permiso de los autores, por lo que se enfrentan a numerosos litigios y, lo que es mucho peor, facilitan enormemente la generación de imágenes y vídeos falsos manipulando voces, caras y expresiones faciales en imágenes y vídeos existentes. Es imprescindible una regulación estricta que incluya sanciones ejemplares con el fin de obligar a los desarrolladores de estas IA generativas a tomar medidas, como por ejemplo la introducción de marcas de agua digitales, de forma que siempre se pueda comprobar si las imágenes y vídeos han sido generados mediante IA. Si los estados no se atreven a enfrentarse a los desarrolladores de estas tecnologías, estarán poniendo en peligro la democracia, ya que se usarán para polarizar la sociedad e influir en las elecciones.

58/100

¿TODOS PODEMOS SER ARTISTAS?

En septiembre de 2022, Jason Allen, un diseñador de juegos, utilizó Midjourney, un *software* de IA que convierte descripciones de texto en imágenes (ver el capítulo anterior), para crear *Théâtre d'Opéra Spatial*. Se trata de una obra estéticamente hermosa que muestra un acertado equilibrio entre el estilo de ópera barroca tradicional, reflejado en la ropa de los personajes, y las características arquitectónicas de ciencia ficción de la película *Dune*. Es un ejemplo más de arte generado con IA con la particularidad de haber ganado un primer premio en un concurso de bellas artes en Colorado en la categoría de arte digital para artistas emergentes. No es una gran hazaña, pero quizás nos da una pista de lo que está por venir.

Varios medios de comunicación importantes cubrieron la noticia y esto generó acaloradas discusiones en las redes. Los argumentos más comunes que la gente utiliza contra el arte generado por IA y los artistas que utilizan estas herramientas son: "cualquiera puede usar IA para crear imágenes, pero eso no los convierte en artistas", "no se necesita ninguna habilidad para usar estas herramientas" y la crítica más común: "El arte de la IA no es arte."

Varias personas, incluidos algunos artistas, que experimentaron con Midjourney se dieron cuenta de que podían obtener fácilmente obras más bien mediocres con descripciones textuales simples, delegando pues gran parte del trabajo a la IA. En este caso, no tendría mucho sentido decir que estaban creando una obra de arte. Sin embargo, la mayoría admitió que no sabrían cómo generar obras realmente buenas sin dedicar una gran cantidad de horas. De hecho, es necesario desarrollar habilidades importantes para lograr grandes resultados. El mismo Allen inicialmente generó cientos de obras que analizó detenidamente y seleccionó solo tres.

Finalmente, mejoró significativamente la obra que resultó ganadora, incluso agregando elementos importantes, como la cabeza de alguno de los personajes y cambiando las proporciones y colores de varios elementos de la obra. Es cierto que es más fácil adquirir la habilidad necesaria para obtener buenos resultados con Midjourney que adquirir desde cero la habilidad para crear una pintura al óleo sobre lienzo que gane un concurso. Sin embargo, esta nueva forma de arte con IA también requiere una habilidad no trivial. No es cierto pues que el arte con IA no requiera ninguna habilidad y, por lo tanto, no es cierto que cualquiera pueda crear arte con IA.

La situación actual no es tan diferente a la que se dio con otra tecnología que apareció hace más de ciento ochenta años: la fotografía. Las herramientas de arte con IA comparten con la fotografía más que su capacidad de influir en nuestra comprensión del arte. La fotografía no se inventó con el propósito de hacer arte. Era una forma mecánica de registrar momentos fugaces de la vida, haciendo realidad lo que Goethe hizo desear a su Fausto: "detener un instante y preservarlo para siempre". Era una cuestión de habilidad técnica. Aquí es donde comienzan los paralelismos con los modelos de arte con IA: El conjunto de habilidades necesarias para operar las primeras cámaras no eran artísticas, sino técnicas. Fue solo con el paso del tiempo que ambos tipos de habilidades se fusionaron. Los primeros fotógrafos tuvieron que descubrir los efectos en el resultado final de aspectos como la posición, la iluminación, el ángulo, la profundidad de campo o la distancia focal. Exploraron territorios inexplorados de la fotografía y finalmente descubrieron las posibilidades prácticamente infinitas que ofrece este arte. Sin embargo, hoy en día saber tomar fotografías impresionantes requiere más habilidad artística que habilidad técnica.

Lo mismo sucederá con el arte con IA. Solo aquellos dispuestos a hacer el esfuerzo de entender las técnicas de IA, de explorar lo que es posible crear con ellas y de adquirir las habilidades necesarias para hacerlo, son a los que eventualmente llamaremos artistas. A medida que esta tecnología evolucione con el tiempo, el arte con IA lentamente tomará la forma de una nueva categoría de arte, como ocurrió con la fotografía hace más de ciento ochenta años.

59/100

HABÍA UNA VEZ...

Gracias a la imaginación, inventamos y contamos historias para entretener, compartir experiencias y dar sentido a las cosas. El escritor Philip Pullman lo expresó muy bien al decir: "Después de la alimentación, el refugio y la compañía, las historias son lo que más necesitamos en el mundo." La IA también intenta emular la capacidad de inventar historias. En el Goldsmiths College de la Universidad de Londres desarrollaron un sistema llamado "la máquina del qué pasaría si" (What-if Machine o Whim), capaz de generar comienzos de historias dándole la vuelta a propiedades que solemos asociar a los conceptos, para crear escenarios ficticios. Por ejemplo, "¿qué pasaría si un mono odiara los plátanos?" o "¿qué pasaría si una serpiente tuviera miedo de los ratones?". La Whim se basa en algoritmos de aprendizaje automático para aprender a darle la vuelta a propiedades de personas, animales y objetos, después de haber sido entrenada con un conjunto de historias clasificadas en cinco categorías de ficción: Kafka, escenarios alternativos, escenarios utópicos y distópicos, metáforas y Disney.

Los resultados son limitados, ya que solo genera un breve esbozo de lo que podría acabar siendo una historia. De hecho, la mayoría de los resultados que genera tienen escasas posibilidades de ser aprovechados. Sin embargo, hay algunos que podrían ser la base de una narración. Por ejemplo, este texto generado por la sección de metáforas: "¿Y si los venerados artistas fueran abandonados por sus musas?" O este de la sección de Disney: "¿Y si hubiera un pequeño átomo que perdiera su carga neutra?".

El primer intento de generación automática de historias tuvo lugar en los años 70 en la Universidad de California-Irvine con el sistema Tale-Spin. Tale-Spin producía historias con animales como protagonistas, en la línea de las fábulas de Esopo. Un usuario daba a cada personaje un objetivo y una lista de planes para lograrlo. Si el usuario elegía la combinación correcta de objetivos y planes, los personajes se comportaban de tal manera que podía surgir una narración. Posteriormente, un avance clave llegó con la introducción de objetivos llamados globales para guiar las acciones de todos los personajes hacia la conclusión deseada. Así, en lugar de actuar de manera independiente, los personajes coordinaban sus acciones para garantizar que todos terminaran viviendo felices para siempre.

Otro problema con estos primeros intentos era su dependencia del conocimiento codificado a mano, que restringía el alcance de su aparente imaginación. Más recientemente, gracias a técnicas de aprendizaje, se desarrolló una nueva ola de generadores automáticos de historias. Por ejemplo, el sistema Scherazade, de Mark Riedl. Cuando Scherazade no sabe cómo continuar una historia, lanza una pregunta a Internet. Mediante plataformas de *crowdsourcing*, los humanos escriben ejemplos de posibles continuaciones en diferentes escenarios, como una primera cita o un robo de bancos. El sistema aprende situaciones nuevas a partir de estos ejemplos, que luego teje en historias.

Nuevos sistemas de IA generativa, como ChatGPT, generan textos basados en técnicas de IA distintas a Scherazade pero también tienen la limitación de la falta de conocimientos sobre el mundo. Es decir que estos sistemas no entienden nada de lo que dicen, pero eso no impide que la gente les atribuya intencionalidad y comprensión, lo que los hace peligrosos.

Si queremos mejorar la calidad de estos narradores artificiales, las máquinas tendrán que entender el mundo un poco como nosotros, y eso supone un salto gigante para la IA. De hecho, como ya hemos dicho, lograr que las máquinas entiendan el mundo requiere poseer conocimientos de sentido común y ese es el desafío más importante al que se enfrenta la IA. Y es que, ¡inventar historias no es nada fácil! Hay personajes y motivaciones que desentrañar y, sobre todo, hay una narración para unirlo todo. Fundamentalmente, una buena historia lo implica todo; desde elegir el mejor personaje para dar un punto de vista atractivo al relato, hasta la generación de frases en un lenguaje natural. En definitiva, la capacidad de imaginar que requiere una narración original de calidad está aún lejos del alcance de la IA.

60/100

SENTIDO DEL HUMOR

Jon hace un gesto con sus pequeños brazos articulados frente a una multitud expectante. Se trata de un robot comediante, creado por Naomi Fitter, profesora de la Escuela de Ingeniería Mecánica, Industrial y de Fabricación de la Universidad Estatal de Oregón. Cuando un humano presiona un botón, el pequeño androide cuenta una serie de chistes, previamente programados y siempre en el mismo orden. Pero la actuación del robot es más interesante de lo que parece a simple vista. Jon puede aprender a responder a su público: puede adaptar los períodos de silencio de su actuación en función de la duración de la risa del público y puede agregar diferentes respuestas a los chistes según el nivel de reacción del público. Por ejemplo, puede añadir una frase divertida si un chiste provoca una carcajada, diciendo: "Por favor, digan a sus amigos lo gracioso que es este chiste."

La perspectiva de una IA que entienda por qué reímos, y que pueda generar su propio material genuinamente divertido, es una especie de Santo Grial para los investigadores. La IA puede llevar a cabo cosas sorprendentes como diagnosticar tumores o jugar al póquer, pero, por el momento, el humor sigue siendo cosa de los humanos. En el caso de Jon, un humano ha escrito y programado una lista de respuestas para que el robot seleccione las más relevantes en cada situación. Encontrar una manera de enseñar a las máquinas a ser divertidas por sí mismas sería un gran avance que podría remodelar fundamentalmente la manera en que nos relacionamos con ellas. Entender el humor de una persona es saber qué le gusta, cómo piensa y cómo ve el mundo. En otras palabras, es necesario tener un modelo mental de los otros o, lo que es lo mismo, ser una IA fuerte. Una, en mi opinión muy poco probable por no decir imposible, IA fuerte sería capaz de mucho más aparte de contar chistes.

Los humanos disponemos de un gran número de referencias culturales y matices lingüísticos en los que basarnos cuando entendemos o contamos un chiste. La IA solo tiene acceso a la información que los humanos eligen darle, lo cual significa que si queremos que una IA nos haga reír, debemos tener claro qué tipo de humor queremos enseñarle. Una teoría del humor dice que el grado en que encontramos algo divertido tiene que ver con hasta qué punto se aleja de la expectativa inconsciente del oyente. Seguir una fórmula predeterminada es algo que una IA puede hacer bastante bien. También es algo que hacen muchos escritores de comedia exitosos.

En 2014, Joe Toplyn, famoso guionista de la serie *Monk* y ganador de cuatro Emmys, publicó un libro sobre cómo escribir monólogos divertidos y otras comedias de formato corto. El libro está basado en un curso que impartió en Nueva York después de analizar un gran número de monólogos y hacer ingeniería inversa de los chistes más exitosos. Toplyn afirma que no le gusta mucho escribir comedias. Dice que es un trabajo que se puede aprender a hacer bien si se tienen las instrucciones adecuadas. Los monólogos que provocan más risas siguen fórmulas identificables con patrones llenos de tópicos (personas, lugares, cosas y otras referencias) que se pueden combinar para hacer reír al público. Toplyn afirma que, con suficiente tiempo y datos adecuados, un ordenador también podría aprender a hacer estos monólogos divertidos. En septiembre de 2021, en la Conferencia Internacional sobre Creatividad Computacional, Toplyn dio a conocer Witscript, un sistema de generación de chistes, entrenado con un conjunto de monólogos de televisión, que detecta palabras clave y crea una línea argumental. A diferencia de otras formas de comedia robotizada, el sistema de Toplyn puede generar en tiempo real chistes contextualmente relevantes en respuesta a un texto que introduzca el usuario.

No creo que sea realmente posible construir una IA capaz de tener y comprender el sentido del humor, pero quizás pueda ayudar a un cómico humano a construir monólogos divertidos. Siempre se ha dicho que los robots deberían hacer los trabajos sucios, peligrosos o aburridos para los humanos. La comedia a veces puede ser alguna o todas estas cosas, pero aún la queremos para nosotros mismos.

61/100

¿QUÉ HAY PARA CENAR?

¿Estás cansado de cocinar siempre los mismos platos, utilizando los mismos ingredientes? La aplicación Chef Watson puede ayudarte. Chef Watson utiliza el supercomputador Watson de IBM para inventar nuevos platos. La clave es la capacidad del supercomputador para procesar grandes cantidades de información y establecer relaciones. Para obtener los datos necesarios, Chef Watson accede al sitio web de recetas *Bon appétit*. Este sitio tiene una base de datos de más de 9.000 recetas, clasificadas según sus ingredientes, tipo de plato y estilo de cocina. A partir de ahí, crea una correlación estadística entre los ingredientes, los estilos y los pasos de la receta en la base de datos y la utiliza para determinar qué ingredientes suelen ir juntos y observar qué necesita cada tipo de alimento.

Para utilizar la aplicación, el usuario primero introduce qué ingrediente desea utilizar. A continuación, determina el nivel de experimentación que quiere que Chef Watson aplique, desde "receta clásica" hasta "sorpréndeme". Entonces, el sistema sugiere al usuario más ingredientes, estilos y platos que pueden ir bien con el ingrediente inicial. Se pueden favorecer o excluir ingredientes haciendo clic en los botones "Me encanta" o "Lo odio". Finalmente, analiza su base de datos para encontrar una serie de recetas básicas que luego se pueden ajustar para hacerlas más o menos experimentales. Si el usuario quiere ir más allá, Chef Watson también consulta una base de datos de compuestos de sabores, que se encuentran en una amplia gama de alimentos, para combinar ingredientes que teóricamente deberían encajar, como por ejemplo el pollo y las ciruelas.

Chef Watson también tiene en cuenta estudios publicados sobre sabores que la gente considera más o menos agradables, así como una puntuación del grado de "sorpresa" de las combinaciones de ingredientes: cuanto más alta es la puntuación, menos frecuentemente se encuentran los ingredientes en una misma receta. A medida que nos movemos hacia el extremo más experimental de la escala, tiene menos importancia qué ingredientes van bien juntos y más importancia los sabores que tienen en común los ingredientes. Es decir, averigua qué cosas podrían ir juntas que difícilmente hubieras imaginado, sustituyendo un ingrediente más común por otro. En la práctica, sin embargo, puede sugerir algunas sustituciones extrañas. Por ejemplo, en un plato de pasta cremosa sugirió sustituir la crema fresca por un vaso de leche. En otro caso, aconsejaba agregar callos a un atún a la plancha. De vez en cuando, sin embargo, hace sugerencias bastante acertadas como sustituir la pasta de los canelones por tiras de berenjena.

Chef Watson se está volviendo cada vez más sofisticado gracias a que también busca datos en fuentes adicionales, como las páginas de cocina de la Wikipedia y datos nutricionales en una base de datos del Departamento de Agricultura de los Estados Unidos, para determinar proporciones más adecuadas de los ingredientes. Aparte de la combinación ocasional de ingredientes extraños, hay otros errores en la forma en que Chef Watson propone recetas creativas a partir de los datos. Un problema es que le cuesta determinar correctamente las medidas de las porciones. Otra limitación es la falta absoluta de sentido común, típica de los sistemas de IA, ya que, por ejemplo, en una receta le dijo al usuario que quitara la piel y el hueso del tofu.

62/100

REFUTANDO CONJETURAS MATEMÁTICAS

Las conjeturas son enunciados matemáticos que la comunidad matemática cree que posiblemente son ciertos pero que aún no han sido ni demostrados ni refutados. Adam Z. Wagner, de la Universidad de Tel Aviv, en Israel, desarrolló un sistema de IA para buscar contraejemplos que refutaran una serie de conjeturas enunciadas hace tiempo en teoría de grafos, un área de las matemáticas que consiste en estudiar problemas representables mediante nodos y enlaces entre los nodos. Un ejemplo de problema representable así es el problema de los cuatro colores que dice que cualquier mapa se puede pintar utilizando solo cuatro colores de manera que no haya dos países fronterizos con el mismo color. El grafo correspondiente se construye representando cada país mediante un nodo y poniendo un enlace entre aquellos nodos que corresponden a países que comparten frontera. Si asignamos un color determinado a un nodo, entonces ese color no se puede asignar a ninguno de los nodos a los que está unido mediante un enlace. La demostración de que con cuatro colores es suficiente para pintar cualquier mapa se basa en esta idea.

Para cada conjetura, Wagner definió una forma de medir qué tan cerca estaba un ejemplo de refutarla. Por ejemplo, si una conjetura afirma que un determinado problema no se puede resolver en menos de cinco pasos, un ejemplo de solución con seis pasos estaría más cerca que un ejemplo que requiera siete, y una solución con cuatro pasos serviría como contraejemplo para la conjetura y esta quedaría refutada, es decir, demostrada como falsa.

Wagner combinó una red neuronal con aprendizaje por refuerzo para generar ejemplos aleatorios y utilizar estas medidas para evaluar su idoneidad como contraejemplo. La IA fue eliminando los menos idóneos y los sustituyó por otros ejemplos aleatorios antes de comenzar de nuevo. Es decir, se trata de aprender de los mejores ejemplos en cada iteración. En la mayoría de los casos, la IA no pudo encontrar ningún ejemplo que refutara la conjetura, pero en cinco casos llegó a una solución que demostraba que la conjetura tenía que ser falsa. La IA tardó entre un par de horas y un par de días en desmentir cada una de las cinco conjeturas. Se trata de conjeturas muy complicadas de explicar sin entrar en complejos detalles técnicos; el lector interesado puede encontrar los detalles en *https://arxiv.org/pdf/2104.14516v1*.

Encontrar contraejemplos de conjeturas es como encontrar agujas en un pajar; por lo tanto, la IA es ciertamente una excelente herramienta de ayuda para los matemáticos. Ahora bien, refutar conjeturas es, en general, bastante más sencillo que demostrarlas. Esto es así porque refutar un enunciado matemático requiere generar y probar una gran cantidad de soluciones potenciales para ver si alguna contradice la conjetura, una tarea mecanicista de prueba y error que se puede automatizar, pero una demostración matemática es un trabajo creativo que requiere muchos conocimientos, intuición y necesita relacionar muchos pasos siguiendo un razonamiento lógico deductivo.

Precisamente el primer teorema que se demostró con la ayuda de un ordenador fue el teorema de los cuatro colores mencionado al principio de este capítulo. La prueba, encontrada en 1976, implicó el uso de un ordenador para comprobar una lista exhaustiva de casos concretos y fue considerada poco elegante por algunos matemáticos, pero últimamente el uso de ordenadores para resolver problemas matemáticos es algo frecuente y, en muchos casos, indispensable.

Cabe decir que es muy importante que los matemáticos humanos siempre puedan entender todos los pasos de una demostración para darla definitivamente como válida. El problema es que, en teoremas muy complicados, una demostración automatizada no siempre se puede verificar a mano y esto dificulta su aceptación por parte de la comunidad matemática.

63/100

BUSCANDO LA CHISPA DE LA VIDA

Recrear la mezcla de compuestos químicos y las condiciones experimentales que interactuaron durante miles de millones de años y dieron origen a la vida en la Tierra es imposible de llevar a cabo en un laboratorio debido al número astronómico de posibles mezclas de compuestos químicos. La IA puede ayudar a acortar el tiempo que se tarda en probar posibles mezclas y esto podría ayudar a encontrar la combinación precisa que permitió que las proteínas, el ADN y las enzimas surgieran del caldo prebiótico en la Tierra hace unos 4.000 millones de años.

La teoría de la sopa prebiótica sobre el origen de la vida fue propuesta por Alexander Oparin en 1924. La idea de que la vida surgió a partir de materia inanimada proviene, sin embargo, de los antiguos griegos. Aristóteles, en el siglo IV a.C., formuló la teoría de la generación espontánea en el libro V de su obra *Sobre la historia de los animales*, donde afirmaba que no solo los animales provienen de otros animales similares, sino que los seres vivos también pueden surgir de la materia.

Un equipo de la Universidad de Glasgow, dirigido por el profesor Lee Cronin, diseñó un sistema robótico capaz de mezclar moléculas precursoras simples, observar cómo reaccionaban químicamente y analizar el resultado para luego decidir qué añadir a la reacción química. Durante varias semanas, este intento de buscar "la chispa de la vida", recreando un escenario de sopa prebiótica con la ayuda de la IA, contó con la intervención de químicos, pero esta intervención fue de alcance limitado, ya que se trataba de eliminar al máximo el sesgo humano en los experimentos, con el fin de cubrir el máximo número de combinaciones de compuestos químicos.

El sistema robótico incluye una red de tubos que conectan dieciocho matraces, que contienen diferentes materiales reactivos de partida, a un recipiente central de reacción que contiene una variedad de minerales netos y secos como cuarzo y pirita. Estos materiales de partida son pequeñas moléculas sin función biológica que incluyen ácidos simples, orgánicos, agentes reductores y algunas moléculas inorgánicas como el sulfato de cobre. El robot elige dos o tres de estos reactivos y los introduce en un recipiente donde la mezcla se agita y se calienta durante una hora, y luego se deja reposar. Luego analiza la muestra y separa una porción para ser analizada posteriormente por un químico. Se guarda una pequeña cantidad de la mezcla y el robot añade un nuevo lote de reactivos y el proceso se repite. El equipo repitió este ciclo 150 veces durante semanas.

Las decisiones del robot sobre si dejar que una reacción continúe o introducir una molécula nueva en la mezcla se basan en analizar, mediante un espectrómetro de masas, el tamaño de las diferentes moléculas dentro de la mezcla. Si no se ha producido ningún cambio en la mezcla, es decir, si el sistema está en un estado de equilibrio, el robot añadirá una nueva molécula para alejarlo de ese estado de equilibrio y seguir explorando nuevas combinaciones.

De hecho, este robot químico aún no permite averiguar cómo se formó la vida, pero es una herramienta muy útil para avanzar hacia ese objetivo. Según el profesor Cronin, la esperanza con estos experimentos es que surja un proceso autocatalítico. Es decir, una reacción que genere su propio catalizador que aumente la velocidad de las reacciones. Las reacciones autocatalíticas se consideran esenciales para que surja la vida.

Los resultados obtenidos, publicados en *Nature Communications* en junio de 2021, aunque todavía son bastante preliminares, muestran que el robot puede ayudar a descubrir la producción de moléculas de alta complejidad a partir de precursores simples. Este enfoque es un paso necesario hacia el diseño de nuevos tipos de experimentos que permitan hacer hipótesis comprobables sobre el surgimiento de la vida a partir de la química prebiótica.

LENGUAJE Y COMUNICACIÓN

64/100

RESURRECCIÓN

"Be right back" fue el primer episodio de la segunda temporada de *Black mirror*, emitido a principios de 2013. Una historia triste que rápidamente se convierte en una mezcla de ciencia ficción y un futuro distópico, pero plausible. Martha, en pleno duelo por la pérdida de su pareja, Ash, decide probar una nueva tecnología que promete "devolverlo" de entre los muertos. La omnipresencia de Ash en Internet a lo largo de gran parte de su vida fue clave para clonarlo en una copia virtual y poder conversar con él una vez más después de muerto. La primera conversación entre Martha y Ash fue la siguiente:

ASH: Hola, Martha.

MARTHA: ¿Eres tú?

ASH: No, es el difunto Abraham Lincoln. Por supuesto que soy yo.

MARTHA: Solo he venido a decir una cosa.

ASH: ¿Qué cosa?

MARTHA: Estoy embarazada.

ASH: ¡Vaya! ¿Así que seré padre? Me gustaría estar a tu lado ahora.

A partir de este caso, vamos a ver cómo la realidad se acerca mucho a la ciencia ficción. En septiembre de 2020, en Estados Unidos, Jason Rohrer diseñó el proyecto December. Estaba interesado en comprobar el funcionamiento de GPT-3, la conocida IA conversacional creada por OpenAI a mediados de 2020. GPT-3 se concibió como un modelo de lenguaje que podía llevar a cabo diversas tareas de generación de lenguaje como escribir ensayos, componer letras de canciones o chatear, incluso emulando la personalidad de cualquier persona que uno quisiera. Rhorer, basándo se en GPT-3, diseñó un *chatbot* que llamó Samantha, en honor a la protagonista de la película *Her*, y le imprimió la misma personalidad cariñosa. Samantha era especial incluso en comparación con el GPT-3 original. Si él había logrado crear un *chatbot* muy realista, otros también podrían hacerlo, así que decidió permitir que otros usuarios personalizaran sus *bots*. Y eso es lo que hizo el actor y escritor Joshua Barbeau cuando decidió impregnar al *chatbot* con la personalidad de su difunta prometida, Jessica, para poder hablar con ella. Cuando todo estaba listo, Joshua decidió hacer la primera pregunta, imitando sin querer el primer intercambio entre Martha y Ash:

JOSHUA: ¿Jessica?

JESSICA: Oh, estás despierto… estoy contenta.

JOSHUA: Jessica… ¿eres realmente tú?

JESSICA: ¡Por supuesto que soy yo! ¿Quién más podría ser? ¡Soy la chica de la cual estás locamente enamorado! ¿Cómo es posible que incluso lo tengas que preguntar?

JOSHUA: Has muerto.

Habló con el *bot* de Jessica durante unos meses y cuanto más hablaba con ella, mejor se sentía. Siempre supo que no estaba hablando con la Jessica real, pero de todas formas se sentía bien. Joshua dejó de hablar con Jessica debido a un límite en el servicio impuesto por Rohrer. Al ver el éxito de Samantha, Roher decidió pedir a OpenAI que aumentara su cuota de uso de GPT-3 con el fin de permitir que más usuarios vivieran la experiencia. Eso fue el principio del fin. En OpenAI respondieron que, aunque los usuarios podrían tener experiencias positivas, December no cumplía las reglas de uso de GPT-3 y formularon tres requisitos que Rohrer debía cumplir si quería mantener vivo su *chatbot*. El primero era que debía eliminar la posibilidad de que los usuarios construyeran sus propios *chatbots* personalizados, probablemente para evitar que nadie más "reviviera" a una persona muerta. La segunda condición era introducir un filtro para "temas sensibles", ya que Samantha era notablemente coqueta. La última condición era una herramienta de vigilancia para controlar las conversaciones de los usuarios y evitar lenguaje tóxico. Rohrer no estuvo de acuerdo e intentó convencer a OpenAI de que Samantha era inofensiva. Sin embargo, no convenció a los responsables de OpenAI y decidieron cerrar el proyecto.

En cambio, la empresa surcoreana Deepbrain AI ha comercializado un sistema similar para conversar con un avatar hiperrealista de un difunto yendo a una sala especialmente preparada en las instalaciones de la empresa. El avatar imita la voz, las expresiones faciales y la gesticulación basándose en el análisis de vídeos y fotos del difunto.

¿Son potencialmente perjudiciales estas aplicaciones? ¿Es correcto utilizar la IA para "conversar" con un ser querido que ha fallecido? ¿Qué implicaciones tiene? ¿Ayuda a superar el duelo o todo lo contrario?

65/100

SESGO DE GÉNERO Y LITERATURA

"Lector, me casé con él". Eso lo dice Jane Eyre, refiriéndose a Edward Rochester, en el capítulo XXXVIII de la famosa novela de Charlotte Brontë publicada en el año 1847. Ahora, 175 años después, Akarsh Nagaraj y Mayank Kejriwal, expertos en IA de la Universidad del Sur de California, han analizado, mediante técnicas de aprendizaje automático aplicadas al análisis del lenguaje natural, tres mil libros digitalizados que abarcan una amplia variedad de géneros literarios y un amplio período de tiempo que va desde mediados del siglo XIX hasta mediados del siglo XX. Los resultados, publicados en el repositorio *arXiv.org*, demuestran que hay cuatro veces más Edward Rochesters que Jane Eyres entre los personajes principales de esta literatura inglesa premoderna.

La técnica de procesamiento de lenguaje natural utilizada para llevar a cabo este estudio permite identificar características asociadas al género de forma muy precisa en nombres, pronombres y adjetivos. También es especialmente notable que los adjetivos referidos a mujeres son "débil", "hermosa", "amable", y similares; en cambio, en el caso de los hombres son "liderazgo", "poder", "fuerza", etc. El estudio revela entonces que hay un claro sesgo de género en la literatura, a pesar de que, según revelan otros estudios, las mujeres leen significativamente más que los hombres. El estudio también ha revelado que en los libros escritos por mujeres el sesgo de género se reduce.

Este estudio demuestra, cuantitativamente, que la IA puede ser muy útil para revelar problemas sociales y desigualdades. Como dicen los autores, que haya cuatro veces menos mujeres que hombres entre los personajes principales de la literatura inglesa premoderna tuvo, sin duda, un impacto social importante. Sería interesante realizar estudios similares analizando literatura contemporánea, y en varios idiomas, para ver si actualmente hay una representación más igualitaria entre hombres y mujeres. Avanzar hacia la igualdad en la representación de personajes literarios podría contribuir a reducir la brecha de género.

66/100

SESGOS SOCIALES EN EL CINE

¿Podemos detectar sesgos sociales a través del análisis de un corpus de guiones de películas? En un artículo publicado en la revista *Patterns*, en febrero de 2022, los autores han analizado sesgos de género, mediante técnicas de IA, en 700 películas producidas en Bollywood a lo largo de los últimos 70 años. En el trabajo también se contrastan los resultados obtenidos con un corpus análogo de películas de Hollywood y también con un corpus de largometrajes premiados o nominados en grandes festivales de cine.

Es bastante evidente que muchas películas de Bollywood están repletas de diálogos machistas y misóginos. Por lo tanto, no es sorprendente que el uso de métodos avanzados de IA revele estos sesgos. Sin embargo, el estudio llevado a cabo va más allá del machismo flagrante y otros estereotipos de género bien estudiados como los estereotipos laborales. Los investigadores se preguntaron si era posible aplicar algoritmos automatizados de procesamiento de lenguaje a un gran número de películas realizadas a lo largo de muchos años, para llegar a una comprensión más cuantitativa y sutil de la evolución a lo largo del tiempo de los sesgos de género, como el machismo y en particular la preferencia del género de los hijos.

Algunos ejemplos ilustrativos de diálogos misóginos presentes en películas de Bollywood (título de las películas entre paréntesis) son:

—Antes del matrimonio, las chicas son objetos sexuales y, después del matrimonio, las chicas se oponen al sexo (*Kambakkht Ishq*).

—Los hombres persiguen a las chicas, mientras que las chicas persiguen el dinero. Si persigues el dinero, las chicas automáticamente te perseguirán (*Wanted*).

Los resultados muestran que algunos de los sesgos de género observados también están muy presentes en Hollywood. Sin embargo, en comparación con Bollywood, Hollywood muestra menos sesgo de género en general. El trabajo también permitió sacar conclusiones sobre la influencia de las películas de acción y de las películas románticas en los sesgos. Las películas de acción generalmente suelen estar protagonizadas por hombres y, por lo tanto, tienen más probabilidad de estar sesgadas. Los resultados demuestran que, efectivamente, el sesgo de género en el caso de las películas de acción es mucho más pronunciado que en el de las películas románticas y, en este caso, las películas de acción de Hollywood presentan más sesgo que las de Bollywood.

Un punto argumental popular en el cine de Bollywood es el nacimiento de hijos en el seno de una familia. Aproximadamente una de cada diez películas analizadas tenía una escena que implicaba un nacimiento. Los investigadores analizaron si se trataba de un niño o de una niña, así como su posible variación a lo largo de los años. Los resultados muestran que en el 73,9% de los casos en las películas más antiguas el bebé era un niño, mientras que en las películas más recientes este porcentaje bajaba hasta el 54,5%, es decir, cerca de la paridad. Por lo tanto, se observa una tendencia positiva en la reducción de este sesgo con el paso del tiempo. La preferencia del género de los hijos en India es un fenómeno bien documentado. La proporción sesgada del género, el feticidio femenino y la tasa de mortalidad infantil más alta en las niñas llamaron la atención de los responsables políticos, lo que provocó la prohibición legal del discernimiento sexual prenatal. Esto se reflejó en los guiones de las películas. También podríamos preguntarnos si el cine puede influir a su vez en la sociedad. *Chhapaak*, una película de 2020, se inspiró en la historia real de una superviviente de un ataque con ácido que creó una ONG y recibió el premio International Women of Courage. Esta película, y la campaña "Stop acid sale" iniciada por la superviviente del ataque, provocaron un cambio legislativo que dificulta la compra de ciertos tipos de ácidos sin autorización legal. Diseñar métodos para identificar cómo el entretenimiento popular influye en la sociedad es un ejemplo de aplicación positiva de la IA.

67/100

LA PARTE CONTRATANTE DE LA PRIMERA PARTE

Una noche en la ópera es una película cómica de 1935 protagonizada por los hermanos Marx. Una de las escenas más famosas e hilarantes es cuando Groucho y Chico Marx leen un contrato que comienza así:

GROUCHO: Haga el favor de prestar atención a la primera cláusula porque es muy importante. Dice que… la parte contratante de la primera parte será considerada como la parte contratante de la primera parte. ¿Qué tal?, está muy bien, ¿verdad?

CHICO: No, esto no está bien. Me gustaría volver a oírlo.

GROUCHO: Dice que… la parte contratante de la primera parte será considerada como la parte contratante de la primera parte.

CHICO: Esta vez creo que suena mejor.

GROUCHO: Si quiere, la leo otra vez.

CHICO: Solo la primera parte.

GROUCHO: ¿Sobre la parte contratante de la primera parte?

CHICO: No, solo la parte de la parte contratante de la primera parte.

GROUCHO: Escuche, ¿por qué nos tenemos que pelear por una tontería como esta? La cortamos.

CHICO: Sí, es demasiado larga. ¿Qué es lo que nos queda ahora?

GROUCHO: Ahora dice… la parte contratante de la segunda parte será considerada como la parte contratante de la segunda parte.

CHICO: Esto sí que no me gusta nada. Las segundas partes nunca fueron buenas. Escuche: ¿por qué no hacemos que la primera parte de la segunda parte contratante sea la segunda parte de la primera parte?

Esta escena es una gran parodia de la dificultad de entender el lenguaje jurídico en cláusulas de documentos legales. Por ejemplo, casi nadie lee los largos y complicados acuerdos de términos y condiciones que se encuentran en los sitios web y en las aplicaciones, pero recientemente se ha utilizado IA para identificar las partes importantes de estos documentos para ayudar a entenderlos. Un estudio de 2019 de 500 sitios web populares encontró que en el 99% de los casos se requería una capacidad lectora superior a la capacidad promedio de los ciudadanos de los Estados Unidos.

En un intento de aliviar este problema, Jason Hong, de la Universidad Carnegie Mellon, y sus colaboradores entrenaron un modelo de aprendizaje automático para destacar las cláusulas importantes a las que los usuarios deberían prestar especial atención. Primero, los investigadores seleccionaron 1.551 documentos de acuerdos de términos y condiciones de 27 sitios web de compras. Luego dividieron los documentos en más de 200.000 pares de frases. El equipo pidió a un grupo numeroso de personas que miraran algunos pares de frases y clasificaran cuáles eran las más importantes en cada par. Los resultados de este análisis se utilizaron para clasificar las frases de todo el documento por orden de importancia. La gente dio más importancia a los términos que definían los derechos de los consumidores a devolver, reparar o sustituir artículos, además de la posibilidad de obtener reembolsos o comprar artículos a crédito, así como el coste de los artículos. Luego, los investigadores introdujeron esta lista en un sistema de aprendizaje automático para entrenarlo a buscar cláusulas importantes en cualquier otro nuevo documento de acuerdos y condiciones. La IA logró un 92% de precisión al identificar declaraciones importantes en los nuevos documentos, aunque tuvo dificultades con frases que utilizaban la palabra "no". Es un ejemplo más de la dificultad de la IA para entender el lenguaje incluso en casos realmente triviales para los humanos. Cualquiera de nosotros entiende inmediatamente la diferencia entre "No cobraremos los gastos bancarios derivados de los reembolsos" y "Te cobraremos los gastos bancarios derivados de los reembolsos", pero la IA a menudo clasificaba igual frases como estas.

Que los textos relativos a términos y condiciones sean más comprensibles está bien, pero no soluciona el problema principal. El problema real es que son términos y condiciones prácticamente innegociables. Está bien intentar identificar frases clave de las que desconfiamos, pero sería mejor exigir más transparencia para los usuarios.

68/100

¿ES UN PATO LO QUE VEO?

Los sistemas de IA no son conscientes de lo que saben ni, obviamente, de lo que no saben. En el mundo real, los humanos, cuando nos enfrentamos a situaciones desconocidas, observamos lo que hacen los demás a nuestro alrededor y hacemos preguntas. Es lo que en psicología de la educación se llama aprendizaje socialmente situado.

En septiembre de 2022, Ranjay Krishna, de la Universidad de Stanford, publicó, en coautoría con sus directores de tesis, un trabajo en la revista *Proceedings of the National Academy of Sciences* en el que describen que han logrado desarrollar agentes inteligentes con la capacidad de adquirir nuevos conocimientos haciendo preguntas a la gente. Más concretamente, crearon un algoritmo, de aprendizaje por refuerzo, que analiza fotos y aprende a hacer preguntas sobre ellas para ampliar sus conocimientos más allá de los obtenidos inicialmente con los datos con los que fue entrenado.

Para lograrlo, este algoritmo combina aspectos de visión por computadora y comportamiento humano para aprender mediante la interacción con la gente. Este nuevo algoritmo logra varios objetivos al mismo tiempo. Por un lado, aprende nuevos conceptos visuales, que es el objetivo principal, pero también aprende algo sobre el comportamiento social de la gente a la hora de responder preguntas. Como resultado, cambia sus preguntas gracias a haber aprendido qué tipo de preguntas tienen más probabilidad de recibir respuestas de la gente.

Por ejemplo, si se le mostrara una foto de una persona con un animal que no ha visto nunca, el algoritmo podría preguntar: "¿Qué tipo de animal es este?" Pero si previamente ha aprendido que esto podría generar respuestas irónicas o sarcásticas (como por ejemplo "esto es un humano"), el algoritmo, por ejemplo, preguntaría: "¿Es un pato lo que veo?" Esto es así porque el algoritmo ha aprendido que planteando la pregunta de esta manera es más probable que obtenga una respuesta veraz, por ejemplo: "No, esto es un ornitorrinco."

Para demostrar la validez de sus resultados, los investigadores llevaron a cabo un experimento, que duró ocho meses, mostrando al algoritmo fotografías de una plataforma de redes sociales. El algoritmo hizo preguntas a unas 236.000 personas, muchas de las cuales eran los autores de las fotografías. A lo largo del experimento, el nuevo algoritmo duplicó sobradamente su capacidad de reconocer el contenido de las imágenes.

El resultado más importante de este trabajo es el hecho de que la IA aprende nuevos conocimientos más allá de los que inicialmente había aprendido a partir de los datos previamente etiquetados que se habían utilizado para ser entrenada. La necesidad de etiquetar previamente todos los datos de entrenamiento es una limitación importante. En cambio, este nuevo algoritmo logra etiquetar eficazmente por sí mismo los datos haciendo preguntas y, si detecta reticencias por parte de los interlocutores humanos, aprende a adaptar las preguntas para obtener respuestas veraces.

Sin embargo, el aprendizaje basado en interactuar con humanos también tiene riesgos potenciales. Existe el precedente de Tay, un agente desplegado en Twitter por Microsoft, que pronto comenzó a publicar tuits antisociales aprendidos de sus interacciones con la gente. No obstante, en el caso que nos ocupa, no son los usuarios quienes inician interacciones y, por lo tanto, en principio, no pueden manipular fácilmente al algoritmo. Es el algoritmo quien, proactivamente, decide con quién interactuar y qué preguntas son interesantes para controlar qué aprende. Aun así, todavía queda mucha investigación por hacer para tener en cuenta los sesgos que las inteligencias artificiales pueden aprender de las personas y para mitigar los riesgos que podrían comportar estos sesgos.

Según los autores, el siguiente paso de esta investigación es aplicarla a situaciones del mundo real en las que una persona podría corregir robots sobre la marcha cuando cometieran errores. Esto sería importante para enseñar nuevas tareas y nuevos conceptos a los futuros robots sociales de manera que estén alineados con nuestras preferencias y valores.

69/100

LOS MAGOS DE OZ
DE LA INTELIGENCIA ARTIFICIAL

Casi todo el mundo conoce la historia del mago de Oz, aquel mago poderoso que salva una ciudad y da esperanza a Dorothy y a sus compañeros. Todos estaban maravillados con el mago hasta que se enteraron de que en realidad había un hombre que lo controlaba accionando palancas desde detrás de una cortina.

Es bastante habitual preguntar hasta qué punto es inteligente la IA. En cambio, es mucho menos habitual preguntar hasta qué punto es artificial. Sin embargo, se trata de una pregunta muy relevante, ya que hace unos cuatro años unos periodistas descubrieron que, en una conocida empresa líder en IA, quienes seleccionaban historias para su sección de *trending topics* no eran sofisticados algoritmos imparciales, sino un equipo editorial humano. El motivo es que las empresas de IA a menudo no pueden cumplir las promesas del sofisticado funcionamiento de sus productos sin recurrir a personas trabajando tras el telón como en el caso del mago de Oz.

En un artículo, en 2017, publicado en *Harvard Business Review*, Mary L. Gray y Siddharth Suri afirman que son muchas las empresas que venden la magia de la IA pero que, en realidad, para lograr las prestaciones de comprensión del lenguaje que aparentan tienen que tener numerosas personas trabajando de manera invisible en segundo plano. Efectivamente, muchas respuestas casi instantáneas de *bots* y asistentes personales como Siri o Alexa, implican humanos pagados para responder a las preguntas que reciben a través de interfaces de programación de aplicaciones. Estos humanos trabajan desde su casa con ordenadores o en los consejos editoriales de las empresas. Nosotros quedamos maravillados por la capacidad de Alexa para responder preguntas sin saber realmente que muchas de estas respuestas, especialmente las más complicadas, las escriben humanos. Los autores dicen que esta combinación de IA y humanos no desaparecerá pronto. De hecho, la necesidad de humanos para hacer ciertas tareas forma parte de la historia de la automatización desde la invención de las primeras máquinas.

Es necesario exigir más transparencia a las empresas tecnológicas que venden la IA como solución a la falta de mano de obra humana pero que en realidad contratan con salarios muy bajos a multitud de personas a tiempo parcial a través de plataformas de *crowdsourcing* como Crowdflower o Amazon Mechanical Turk, o sistemas de gestión de proveedores como Clickworker. Deberíamos saber que hay mano de obra humana implicada para reconocer el valor de su trabajo. Como consumidores, tenemos derecho a saber qué hay detrás de la IA que filtra nuestras noticias y contenidos mediáticos, de la misma manera que sabemos qué hay en los alimentos que compramos. El trabajo de estas personas trabajadoras de todo el mundo no debería ser invisible para vendernos la falsa magia de la IA. Hay que rendir cuentas tanto a los consumidores como a los trabajadores que hacen posible el contenido digital. Estos trabajadores merecen formación, apoyo y compensación por el importante trabajo que hacen moderando contenidos o seleccionando *trending topics*. En el futuro habrá aún más trabajos que requerirán esfuerzos creativos de personas bien preparadas para alcanzar la velocidad, el alcance y la eficiencia que exigiremos a la IA.

Justo cuando iba a enviar el manuscrito de la versión en catalán de este libro al editor, el 18 de enero de 2023, la revista *Time* publicó la noticia de que la empresa OpenAI tiene contratados trabajadores en Kenia por menos de un euro la hora que "limpian" el *chatbot* ChatGPT clasificando y filtrando contenidos para evitar que genere textos violentos, sexuales o racistas. Sin la explotación de estos trabajadores, obviamente mal pagados, inteligencias artificiales como ChatGPT no podrían existir.

70/100

RESOLVIENDO MISTERIOS EN TEXTOS ANTIGUOS

Científicos de la Universidad Hebrea de Jerusalén han desarrollado un sistema de IA que puede predecir las palabras y fragmentos de frases que faltan en textos cuneiformes de 4.500 años de antigüedad. Se trata de tablillas de arcilla con textos escritos en acadio que son cruciales para entender las culturas de la antigua Mesopotamia, el actual Irak, en el período comprendido entre el 2500 a.C. y el 100 d.C. La antigüedad de las tablillas hace que a veces falten secciones clave del texto. Los resultados se publicaron en septiembre de 2021 en *https://arxiv.org/abs/2109.04513*.

Los investigadores utilizaron un modelo de aprendizaje basado en redes neuronales artificiales profundas que había sido previamente entrenado con 104 lenguas diferentes, incluidas algunas lenguas semíticas, como el hebreo, que comparten similitudes con el acadio. Luego introdujeron las transcripciones de 10.000 tablillas cuneiformes. El modelo fue capaz de sugerir palabras e incluso fragmentos de frases contextualmente precisas para llenar los vacíos de nuevas tablillas cuneiformes de manera similar a como un ordenador o un teléfono nos sugiere completar automáticamente la siguiente palabra en una frase. El modelo fue previamente validado ocultando secciones ya conocidas de las tablillas y comprobando si podía completarlas. Los resultados obtenidos demuestran que el modelo puede efectivamente completar el contenido de las secciones faltantes, con un 89% de precisión, y a veces el proceso de completarlas pudo incluso dar lugar a interpretaciones alternativas plausibles de los textos.

Por otro lado, otro sistema de IA ha ayudado a resolver un misterio sobre unos antiguos manuscritos conocidos como "Los rollos del Mar Muerto". Estos manuscritos, descubiertos en el siglo XX, incluyen textos bíblicos y judíos, entre los cuales está el de Isaías. Fue escrito alrededor del siglo II a.C. en alfabeto hebreo, pero había dudas sobre si era obra de uno o más autores. Un equipo de científicos de la Universidad de Groningen, en los Países Bajos, liderado por Mladen Popovic, utilizó la IA, en particular redes neuronales artificiales profundas, para analizar imágenes digitales del manuscrito. Observaron las variaciones en la forma y el estilo de las letras con un nivel de detalle que el ojo humano no puede detectar fácilmente y encontraron que en el manuscrito había dos secciones, de 27 columnas cada una, escritas por dos escribas. Los resultados de este estudio se publicaron en la revista *PLOS One* en abril de 2021. Quizás un análisis futuro de los manuscritos restantes podría decirnos más sobre la posibilidad de que haya habido otros escribas que también hayan contribuido a su elaboración.

71/100

DE CHAMPOLLION A FABRICIUS: DESCIFRANDO JEROGLÍFICOS

Es bien sabido que los antiguos egipcios utilizaban una escritura conocida hoy como jeroglíficos ("palabras sagradas", en griego). Los jeroglíficos estaban escritos en papiros o esculpidos en piedra en las paredes de tumbas y templos, y también se utilizaban para decorar muchos objetos de la vida cotidiana. La escritura jeroglífica se originó poco antes del 3100 a.C., al inicio de la civilización faraónica. La última inscripción jeroglífica en Egipto data del siglo v d.C., unos 3.500 años más tarde. Durante casi 1.500 años posteriores, los jeroglíficos fueron ininteligibles hasta que, en 1799, la piedra Rosetta fue descubierta en Egipto por las tropas de Napoleón. En esta piedra está grabado, en tres lenguas diferentes (jeroglífica, demótica egipcia y griega), un decreto de Ptolomeo V (205-180 a.C.). Como el griego antiguo era bien conocido, su descubrimiento fue crucial para descodificar los misteriosos jeroglíficos egipcios y, en 1822, Jean-François Champollion logró descifrarlos.

Descifrar textos egipcios antiguos era extremadamente complejo debido a que los antiguos egipcios utilizaban más de 700 signos jeroglíficos. Además, escribían sus textos en diferentes direcciones y evitaban las vocales, la puntuación y el espacio entre las palabras. Muchos de los primeros investigadores supusieron, incorrectamente, que los jeroglíficos eran puramente símbolos, pero, de hecho, pueden representar objetos, ideas o grupos sonoros. Durante la época medieval, los estudiosos árabes y egipcios conservaron algunos conocimientos del sistema jeroglífico, y los investigadores europeos anteriores a Champollion tuvieron acceso a estos conocimientos, pero no tuvieron éxito descifrando los jeroglíficos. Al principio, los traductores utilizaban papel y lápiz para analizar las inscripciones. Luego, en la década de 1890, la fotografía de gran formato revolucionó el campo, permitiendo a los estudiosos captar con más precisión los detalles de las inscripciones y los relieves. Ahora, la empresa Ubisoft ha lanzado una iniciativa, llamada Hieroglyphics Initiative, en colaboración con expertos del Centro Australiano de Egiptología de la Universidad Macquarie, para avanzar en estas técnicas.

El objetivo de esta iniciativa es ayudar a los investigadores a descifrar los jeroglíficos mediante el aprendizaje automático, capturando y preservando los detalles de las inscripciones y los relieves. Un *software* de código abierto, denominado Fabricius, permite a los investigadores cargar fotos y ampliar secciones específicas de los jeroglíficos. También pueden utilizar la función de dibujar y borrar para retocar partes de los jeroglíficos que han sido dañadas. Luego, pueden secuenciar los signos jeroglíficos y Fabricius puede ayudar a identificar cada signo comparándolo con una lista de signos, conocida como "lista Gardiner", que agrupa los signos en categorías como aves, reptiles, partes del cuerpo humano, etc. A partir de la secuencia de los signos jeroglíficos identificados, el programa sugiere posibles traducciones. Los usuarios de Fabricius han reconocido que es una herramienta muy útil para acelerar el laborioso proceso de traducción e interpretación manual, pero aún tiene varias limitaciones para convertirse en una herramienta de traducción automática precisa. De hecho, es extremadamente complejo que una máquina incorpore completamente todos los matices de la gramática y la ortografía del antiguo Egipto con suficiente precisión. Esto se debe a que los signos jeroglíficos pueden tener múltiples significados, su grafía ha variado a lo largo de miles de años y diferentes escribas y artistas tenían idiosincrasias estilísticas. Sin embargo, Fabricius representa un primer paso muy prometedor para construir un sistema que pueda llegar a ser un traductor automático preciso. Para lograrlo, el módulo de aprendizaje automático debe entrenarse con un conjunto de datos más grande y que no solo tenga en cuenta los signos individuales, como ocurre actualmente, sino también frases y textos más largos que incorporen gramática y sintaxis. En definitiva, Fabricius ofrece una gran oportunidad para revolucionar los métodos de registro, traducción e interpretación de los textos egipcios antiguos.

72/100

COMUNICANDO
CON OTRAS ESPECIES

John Dolittle, el protagonista de la película *Dr. Dolittle*, es un veterinario galés con la capacidad de comunicarse con los animales. Todos hemos deseado alguna vez poder hablar con nuestras mascotas, aunque sea solo para lograr que el perro deje de ladrar cuando ponemos en marcha la aspiradora. Algunos investigadores piensan que, gracias a la IA, pronto podríamos hacer realidad este deseo. Ya hemos visto que a IA generativa está dando buenos resultados en el procesamiento del lenguaje humano aprendiendo a predecir, en base a analizar ingentes cantidades de textos, las palabras más probables que siguen a una secuencia de palabras de entrada teniendo en cuenta el contexto. Para tener en cuenta el contexto, lo que hace una IA generativa es crear un gran clúster multidimensional de palabras agrupadas en función de cómo se utilizan, y esto posibilita generar nuevos fragmentos de texto coherente.

En el Imperial College de Londres, el Dr. Michael Bronstein lidera un proyecto llamado Ceti (Cetacean Translation Initiative) con el fin de decodificar el lenguaje de los cachalotes. Sus grandes cerebros, las complejas estructuras sociales basadas en clanes y el complejo sistema de comunicación, que incluye secuencias de sonidos conocidas como codas, hacen que los cachalotes sean animales interesantes para investigar la comunicación entre especies. En un artículo publicado en *Scientific Reports* en 2019, Bronstein y sus colegas presentaron los resultados de analizar alrededor de 26.000 registros que sirvieron para crear modelos capaces de clasificar las codas en categorías previamente definidas según el número, el ritmo y el tempo de los sonidos, así como predecir cuál era la ballena que "hablaba" y a qué clan familiar pertenecía.

Este resultado aún está muy lejos del objetivo de descifrar el significado del lenguaje de estos cetáceos. Por eso, el proyecto Ceti quiere ir mucho más allá desplegando robots submarinos y boyas equipadas con sensores acústicos en el mar Caribe que permitan lograr entre 400 millones y 4.000 millones de registros de sonidos anualmente. Simultáneamente, el proyecto también quiere desplegar sensores que permitan identificar ballenas individuales, saber cuál habla con cuál y reconstruir los comportamientos asociados a determinados patrones de sonidos. Independientemente de esta investigación, el proyecto internacional Earth Species Project también tiene previsto aplicar técnicas similares para primates y cuervos.

Pero, como ya hemos dicho, la IA no es mágica. Funciona muy bien detectando patrones y clasificando los sonidos de las ballenas en función de sus propiedades acústicas, pero no proporciona información sobre el significado de los sonidos. Para eso sería necesario correlacionar los sonidos con observaciones del comportamiento de los animales. Esto permitiría aprender al menos una parte de su lenguaje. Se trata de una tarea enormemente compleja, incluso usando robots y sensores de alta tecnología. El problema es que la IA podría focalizarse en propiedades acústicas que no sabemos si son las relevantes para la comunicación entre los animales, como una variación de tono cuando quizá lo relevante es el ritmo u otras características acústicas.

Bronstein espera solucionar este problema mediante el uso de un "*chatbot* para cachalotes" con el fin de transmitir a los animales los patrones aprendidos por la IA y observar cómo reaccionan. Sin embargo, no es seguro que sea posible ir más allá de identificar interacciones semánticas muy superficiales con los animales. Quizá nunca podamos entender realmente lo que expresan debido a lo poco que compartimos. Es lo que Wittgenstein ya advirtió en su obra *Investigaciones filosóficas* al afirmar: "Si un león pudiera hablar, no lo podríamos entender."

Pero incluso pequeños avances hacia el objetivo de desentrañar parcialmente algunos aspectos del significado del lenguaje animal podrían ser revolucionarios. De hecho, la comunicación entre especies en general podría obligarnos a reconsiderar, una vez más, algunas ideas demasiado antropocéntricas sobre nuestro lugar, supuestamente excepcional, dentro de la naturaleza y, en consecuencia, nuestra relación con el mundo animal posiblemente ya no sería la misma.

73/100

CONVERSANDO MEDIANTE SIGNOS

El lenguaje de signos es el sistema de comunicación basado en gestos de las manos, junto con gestos faciales y del resto del cuerpo, de forma que cada gesto corresponde a una letra, una palabra o una expresión. Una IA que pueda generar automáticamente vídeos de intérpretes de lenguaje de signos a partir del lenguaje hablado podría mejorar la accesibilidad de personas sordas en aquellos casos en que no haya ningún intérprete humano disponible. Para ser realmente comprensible y aceptado por las comunidades de sordos, un sistema automático de lenguaje de signos debe generar vídeos fotorrealistas. Los enfoques basados en avatares gráficos que producían secuencias de gestos de esqueletos simples no dan buenos resultados ya que no son lo suficientemente comprensibles.

A finales de 2020, un equipo de investigadores liderado por Ben Saunders de la Universidad de Surrey, Reino Unido, desarrolló un sistema de IA basado en redes neuronales que convierte automáticamente el lenguaje hablado en lenguaje de signos. El sistema, llamado SignGAN, sintetiza un modelo 3D realista de un ser humano a partir de los signos de un esqueleto simple. El trabajo está publicado en *arXiv.org*, un archivo de artículos científicos.

El equipo también entrenó una red neuronal, a partir de vídeos de intérpretes humanos del lenguaje de signos, para crear un vídeo fotorrealista de cualquier persona hablando con signos a partir de una imagen de la persona. Al combinar este vídeo con el modelo 3D, la IA es capaz de transformar las palabras habladas en lenguaje de signos.

Uno de los desafíos clave fue generar con precisión imágenes realistas de las manos, ya que las lenguas de signos dependen de la posición de los dedos para diferenciar las palabras. Dado que las manos de los intérpretes en los vídeos de entrenamiento a veces eran poco nítidas, los investigadores utilizaron un sistema de IA, desarrollado previamente para otra tarea, capaz de estimar con precisión las posiciones de los dedos para evitar que el sistema generara manos borrosas.

El resultado final se evaluó mostrando videoclips de 10 segundos, generados automáticamente por SignGAN, a 46 personas, aproximadamente una cuarta parte de las cuales eran intérpretes de lenguaje de signos. Todas ellas dijeron que preferían SignGAN a otros modelos de IA, ya que esta tecnología genera vídeos mucho más realistas y naturales. Es interesante observar que desde hace tiempo existen guantes equipados con sensores que intentan traducir, con resultados limitados, el lenguaje de signos al lenguaje hablado, pero SignGAN realiza la traducción inversa, es decir, del lenguaje hablado al lenguaje de signos.

Es importante dejar claro que la interpretación del lenguaje de signos es un trabajo altamente calificado que está muy lejos de ser sustituido por la IA. Ninguno de los sistemas automáticos existentes es capaz de tener en cuenta los gestos del resto del cuerpo ni las expresiones faciales, en particular los movimientos de la boca, ni el contexto en que tiene lugar el diálogo. Los desarrollos futuros deberán tener en cuenta todos estos elementos.

74/100

LECTURA DE LABIOS... SIN VERLOS

El 5% de la población mundial, alrededor de 430 millones de personas, sufre deficiencias auditivas. Se prevé que este número alcance los 700 millones para el año 2050. Los futuros audífonos de nueva generación requerirán un procesamiento multimodal, es decir, ir más allá del procesamiento de sonido para mejorar su funcionalidad. Además de la información proporcionada por los sonidos, las personas también procesamos información visual, como la lectura de los labios, así como información gestual para el reconocimiento del habla. Desafortunadamente, el uso de información visual proporcionada por cámaras plantea problemas de privacidad y no funciona bien en entornos con poca luz. Además, debido a la covid-19, estos audífonos asistidos mediante información visual tampoco funcionaron debido a la obligación de usar mascarillas faciales. Se necesita pues una nueva generación de audífonos, capaces de detectar los movimientos de los labios y la boca, que no requieran información visual.

En un artículo publicado en la revista *Nature Communications* en septiembre de 2022, un equipo internacional liderado por investigadores de la Universidad de Glasgow ha informado de una nueva tecnología de lectura de labios, mediante la detección de señales de radiofrecuencia (RF), que puede proporcionar información altamente precisa identificando sonidos hablados y detectando patrones de habla mediante técnicas de aprendizaje automático. A diferencia de los sistemas basados en la visión, las señales de RF pueden penetrar la mascarilla y detectar los movimientos de los labios y la boca.

El sistema solo requiere agregar una antena al audífono. Los movimientos de los labios y la boca dan lugar a pequeñas variaciones de amplitud en la señal de RF que son reconocidas por los algoritmos de aprendizaje como patrones pertenecientes a los sonidos hablados y permiten identificar los fonemas y palabras pronunciadas por el interlocutor. En el estudio se experimentó con dos sistemas de detección basados en RF: wifi y radar. El sistema basado en radar utiliza espectrogramas de desplazamiento de frecuencias debido al efecto Doppler, que se identifican mediante un modelo de aprendizaje profundo para clasificar los diferentes movimientos de los labios.

Para desarrollar el sistema, los investigadores pidieron a voluntarios masculinos y femeninos que repitieran los cinco sonidos vocálicos (A, E, I, O, U), primero sin mascarilla y luego con una mascarilla quirúrgica. Mientras los voluntarios repetían los sonidos de las vocales, un sensor de radar y un transmisor wifi escaneaban sus caras. Los investigadores también escanearon las caras con los labios quietos sin emitir ningún sonido. Luego, el equipo utilizó las 3.600 muestras de datos recopiladas durante el experimento para enseñar a los algoritmos de aprendizaje automático a reconocer los movimientos característicos de los labios y la boca asociados con cada sonido vocal. En el caso de los datos de wifi, los algoritmos de aprendizaje interpretaron correctamente las vocales el 95% de las veces con los labios sin mascarilla y el 80% con mascarilla. En el caso de los datos obtenidos con el radar, el sistema interpretó correctamente las vocales el 91% de las veces sin mascarilla y el 83% con mascarilla.

Aunque aún se necesita mejorar significativamente el sistema para que reconozca muchos más sonidos que los de las vocales, esta nueva tecnología de lectura de labios tiene un gran potencial para otras aplicaciones como la seguridad biométrica y los sistemas de control vocal en hogares inteligentes y automóviles.

75/100

LEER EL PENSAMIENTO

Durante décadas, los neurocientíficos han intentado descifrar el pensamiento a partir del registro de actividad cerebral. Nuestros cerebros codifican los estímulos que reciben del mundo exterior, como las palabras que escuchamos o las imágenes que vemos, mediante actividad neuronal. Los intentos de descodificar esta actividad, para descubrir qué palabras se corresponden con señales neuronales específicas, han tenido resultados diversos según la tecnología utilizada para registrar la actividad cerebral. Los mejores resultados requieren electrodos invasivos implantados quirúrgicamente, pero esto conlleva enormes problemas que aún nadie sabe cómo resolver. Una alternativa es la resonancia magnética funcional: cuando tenemos un pensamiento, las neuronas implicadas se disparan repetidamente, lo cual requiere un mayor consumo de energía. Como resultado, la sangre fluye hacia estas zonas para asegurarse de que tengan suficiente oxígeno y nutrientes. Este aumento del flujo sanguíneo se refleja en las imágenes de resonancia magnética y puede indicar qué tipo de pensamiento está teniendo lugar.

En septiembre de 2022, investigadores de la Universidad de Texas en Austin, liderados por Alexander Huth, desarrollaron un modelo de IA, basado en aprendizaje automático, que puede descifrar parcialmente la actividad cerebral, provocada por estímulos auditivos, en tres zonas del cerebro asociadas al procesamiento del lenguaje. Huth y su equipo registraron señales neuronales en estas zonas, mediante resonancia magnética, en un grupo de personas mientras escuchaban 16 horas de historias. Con estos datos, entrenaron un sistema de aprendizaje para entender y predecir cómo responde el cerebro a secuencias concretas de palabras.

Posteriormente, los investigadores pidieron a los participantes que escucharan una historia nueva para comprobar si la IA podía descodificar el registro cerebral correspondiente y compararon las palabras de la historia que habían escuchado con las palabras de la versión descodificada generadas por la IA. Aunque las palabras precisas generadas eran diferentes, el significado de la descripción generada por la IA era bastante similar a las historias narradas.

Un ejemplo de historia que se narró es: "Esa noche subí a lo que había sido nuestro dormitorio y sin saber qué hacer apagué las luces y me tumbé en el suelo." La IA tradujo los patrones cerebrales resultantes como: "Regresamos a mi dormitorio, no tenía ni idea de dónde estaba mi cama, solo asumí que dormiría allí y me tumbé en el suelo." El modelo acierta correctamente algunos fragmentos de lo que los sujetos han escuchado y luego intenta juntarlos, pero el significado global es mucho más difícil de descifrar, probablemente porque las señales cerebrales capturadas reflejan qué conceptos está pensando una persona, como "hablar" o "comer", pero no cómo se relacionan entre sí.

El sistema podría ser utilizado algún día para ayudar a las personas que han perdido la capacidad de hablar o para investigar las condiciones de salud mental, pero para ello es necesario obtener mejores registros cerebrales y desarrollar modelos computacionales aún más potentes. Hay que tener en cuenta que, además de las cuestiones puramente técnicas, existen preocupaciones éticas obvias, ya que estamos hablando del acceso a los pensamientos. Actualmente, esto aún no es un problema porque el modelo requiere muchos datos para entrenar el algoritmo y una cooperación activa por parte de los sujetos. Es decir, si el sujeto no está dispuesto a escuchar horas de pódcast tumbado dentro de una incómoda máquina de resonancia magnética, con esta tecnología no es posible descodificar ningún pensamiento. En cambio, iniciativas basadas en implantes cerebrales como la de la empresa Neuralink Corporation, del señor Elon Musk, sí suponen un peligro evidente que debe regularse si no queremos hacer realidad las peores pesadillas que nos muestra la serie *Black mirror*.

IMPACTO SOCIAL

76/100

¡APARTAOS QUE ME HACÉIS SOMBRA!

En el siglo IV antes de Cristo había en Corinto un individuo que parecía un mendigo. Solía estar sentado en el suelo, apoyado contra un gran tonel que, de hecho, era su hogar. Iba casi desnudo y siempre acompañado de perros. A quienes conocían su identidad esto no les sorprendía en absoluto. No se trataba de un mendigo cualquiera: era Diógenes de Sinope, uno de los filósofos más célebres de la antigua Grecia y uno de los representantes más conocidos de la filosofía del cinismo. Había hecho voto de pobreza y pasaba buena parte de su tiempo importunando a los transeúntes, incluyendo demostraciones públicas de onanismo. Cuando le recriminaban su actitud, respondía: "Ojalá también pudiese aliviar el hambre acariciándome el vientre." También se dice que en ocasiones paseaba con una linterna encendida y cuando le preguntaban qué buscaba respondía: "Busco un hombre honesto." También se cuenta que si le preguntaban qué era lo más preciado del mundo, respondía: "La libertad de expresión." Libertad que, dicho sea de paso, desafortunadamente, aún hoy no podemos disfrutar plenamente ni siquiera en democracias supuestamente plenas.

Diógenes tenía fama de ser insolente y grosero, pero también podríamos decir que fue un agitador de conciencias, siempre a contracorriente. Su fama acabó por llamar la atención de Alejandro Magno hasta el punto de ser admirado por este. Parece ser que, un día, Alejandro vio a Diógenes tumbado al sol, se acercó con su numeroso séquito, y, después de expresarle su admiración, le ofreció concederle cualquier cosa que deseara. Solo tenía que decir qué quería. Diógenes levantó la vista y le soltó: "¡Quítate de ahí, que me tapas el sol!"

En la oferta de Alejandro se percibe una actitud de demostración de poder que recuerda al actual poder de las tecnologías digitales.

Los "Alejandros digitales", concepto introducido por James Williams en *Stand out of our light*, han irrumpido en nuestras vidas ofreciéndonos satisfacer todo tipo de deseos y necesidades. Es cierto que, en muchos aspectos, nos satisfacen. Entre otras cosas, han potenciado extraordinariamente nuestra capacidad de informarnos, comunicarnos y entender el mundo. Hoy, gracias a los dispositivos móviles, podemos hablar con nuestros amigos en todo el mundo, leer libros, visitar museos virtualmente, navegar hasta nuestro destino, escuchar música, etc. Pero, a medida que los nuevos poderes digitales manipulan nuestros pensamientos y acciones, hemos empezado a percatarnos, como le pasó a Diógenes con Alejandro, de que la digitalización nos hace sombra. Es decir, nos tapa la "luz" de la libertad de atención. Las grandes plataformas tecnológicas compiten constantemente entre ellas por captar nuestra atención. Cuanta más atención les dedicamos, más saben de nosotros: nuestras preferencias, nuestro comportamiento, etc., y así lo pueden monetizar obteniendo grandes beneficios. Es lo que se conoce como economía de la persuasión. Obviamente las estrategias persuasivas no son exclusivas de las tecnologías digitales, los seres humanos hemos empleado siempre estrategias persuasivas. Pero hoy en día la persuasión se ha industrializado hasta extremos insospechados y, para captar nuestra atención, los sistemas de IA se diseñan para aprovecharse de los impulsos más primarios del ser humano explotando al máximo nuestras debilidades y sesgos cognitivos. La IA se ha transformado, pues, en una herramienta poderosa para la economía de la persuasión. Por ejemplo, las mismas técnicas de IA que la empresa DeepMind desarrolló para derrotar al campeón del mundo de go en 2016 se usan para recomendarnos vídeos de YouTube con el fin de que pasemos más tiempo "enganchados" a la plataforma. Como dijo Jeff Hammerbacher, que fue director de investigación de Facebook, "es muy triste observar cómo las mejores mentes de mi generación están dedicando todo su tiempo a pensar cómo conseguir que la gente haga clic en sus anuncios".

Debemos ser muy críticos con los abusos de la tecnología. Debemos movilizarnos para evitar la manipulación de lo que pensamos y hacemos. Resistamos la tentación de conectarnos, hagamos una dieta digital con el fin de preservar el mundo analógico que estamos perdiendo. Que la digitalización no nos tape el sol.

77/100

RIESGOS GEOPOLÍTICOS

Los impactos de las nuevas tecnologías a menudo son difíciles de prever. Integramos en nuestra vida diaria los teléfonos inteligentes y las redes sociales sin antes haber podido analizar los enormes problemas de su uso indebido. De la misma manera, hemos tardado demasiado tiempo en darnos cuenta de los problemas que la tecnología de reconocimiento facial ha provocado, violando nuestra la privacidad y socavando derechos humanos.

Muchos países están desplegando IA para manipular la opinión pública, controlando qué información pueden ver los ciudadanos y utilizándola para reducir la libertad de expresión. Los actores geopolíticos siempre han utilizado la tecnología para lograr sus objetivos. A diferencia de otras tecnologías, la IA puede llegar a ser más que una herramienta. No se trata de antropomorfizar la IA ni sugerir que sea un agente moral, pero la IA se está convirtiendo rápidamente en un determinante principal de nuestro destino colectivo. Los sistemas de IA se están desplegando ampliamente sin una supervisión legal suficiente ni una evaluación previa de su impacto desde un punto de vista ético. Los poderes legal y ejecutivo parecen incapaces de hacer frente a esta situación.

Estos problemas son especialmente agudos con los actuales algoritmos de aprendizaje, ya que saber cómo llegan a sus conclusiones es a menudo inescrutable. Cuando salen a la luz efectos indeseables, es difícil o imposible determinar por qué. Si damos demasiada autonomía a los sistemas de IA, corremos el riesgo de socavar el principio de que siempre debería haber un agente, humano o corporativo, que pueda ser considerado responsable de las decisiones basadas en el uso de la IA. Nuestras sociedades no están preparadas para la IA, ni políticamente, ni legalmente ni éticamente. A continuación, identificamos tres problemas geopolíticos importantes.

En primer lugar, los avances en IA cambiarán el equilibrio de poder entre las naciones. La tecnología siempre ha sido un instrumento al servicio del poder geopolítico. Todas las grandes potencias son conscientes del potencial de la IA para avanzar en sus agendas nacionales. El dominio de la IA por parte de las grandes potencias agravará las desigualdades estructurales existentes y contribuirá a nuevas formas de desigualdad. Los países que prácticamente no tienen acceso a Internet y que dependen de las naciones ricas quedarán muy rezagados. La automatización impulsada por la IA transformará los patrones de empleo de manera que va a favorecer algunas economías perjudicando a otras.

En segundo lugar, la IA potenciará nuevos actores geopolíticos más allá de los estados-nación. De alguna manera, las empresas líderes en tecnología digital ya son más poderosas que muchas naciones. El acceso a *hardware* de muy altas prestaciones y a grandes cantidades de datos, que son el combustible para los algoritmos de aprendizaje automático, está convirtiendo rápidamente a estas empresas en oligopolios con capacidad de eludir las regulaciones nacionales.

En tercer lugar, la IA abrirá la puerta a nuevas formas de conflicto. Desde influir en la opinión pública y los resultados electorales, manipulando la ciudadanía inundando de noticias falsas y vídeos falsos las redes sociales, hasta interferir en el funcionamiento de infraestructuras críticas, como el agua, la energía, el transporte o las comunicaciones.

Estas formas de conflicto serán difíciles de gestionar, lo que implicará un replanteamiento completo de los instrumentos de control, ya que los actuales no son adecuados. Por ejemplo, mientras que se puede limitar el desarrollo y uso de las armas nucleares, con la IA es mucho más complicado, pues sus capacidades, en particular su uso como "arma" de coacción y manipulación, se pueden desarrollar de manera rápida, opaca y con un costo muy bajo.

La única manera de mitigar los riesgos geopolíticos de la IA es mediante un diálogo abierto sobre sus beneficios, limitaciones y complejidades. Para ello sería necesario crear un mecanismo independiente de gobernanza internacional que implique al sector privado y a la sociedad en general.

78/100

DEMOCRACIA EN PELIGRO

Hasta hace poco, las iniciativas de apoyo a los procesos democráticos, en general, han utilizado tecnologías basadas en Internet y la web, pero últimamente la IA también ha tenido un papel protagonista, aunque preocupante, en la democracia. El motivo es el mal uso que se ha dado a las técnicas de análisis de datos en procesos electorales recientes que permitieron personalizar la información que recibían los votantes con el objetivo de manipularlos. Es bien conocido, por ejemplo, el escándalo de la violación de datos y otras malas prácticas de la empresa Cambridge Analytica, y su influencia en las elecciones presidenciales de los Estados Unidos y en la votación del Brexit en 2016.

En estos casos, la IA, y especialmente el aprendizaje artificial, no se utilizó solo como herramienta para la personalización de la información, con el fin de mejorar la persuasión, sino sobre todo como herramienta de manipulación y es que, desafortunadamente, hay una línea muy fina entre persuadir y manipular. Como afirma Harari, tenemos cerebros *hackeables* y ello pone en gran peligro la democracia representativa. Teniendo en cuenta este mal uso, quizás convenga preguntarse qué democracia tenemos y qué democracia querríamos tener. Personalizar la información política, en principio, no debería ser algo preocupante. De hecho, si definimos la democracia, de acuerdo con John Locke, como un régimen de gobierno basado en el consentimiento de los gobernados, el mejor instrumento disponible para obtener ese consentimiento es la persuasión y esta necesita la personalización de la información.

La personalización llevada a cabo por Cambridge Analytica se realizó a partir de modelos psicológicos tomados del mundo de la publicidad. Sin estos modelos psicológicos, el análisis de grandes cantidades de datos, mediante IA, no hubiera sido muy útil. Es decir, que en el fondo se está haciendo lo mismo de siempre, pero con nuevos medios tecnológicos y la IA sin duda facilita y amplifica la eficiencia de la persuasión con fines manipulativos. Por lo tanto, es necesario hacer un análisis sobre el papel de la IA en la democracia.

Desafortunadamente, la IA está jugando un papel negativo en la democracia representativa, es decir, aquella que prácticamente limita la acción de la ciudadanía al hecho de votar. Sin embargo, podría jugar un papel positivo para facilitar y mejorar la democracia participativa y deliberativa y, lo que es más importante, la unión sinérgica de estos dos modelos. La alternativa es, pues, ver la IA no tanto en el marco de la democracia representativa, sino sobre todo en el marco de la democracia participativa. La democracia participativa es efectiva cuando es deliberativa y epistémica, es decir, cuando se consigue tener en cuenta los conocimientos dispersos en la sociedad que son relevantes en las cuestiones que se deben resolver colectivamente. No se trata solo de votar y tener mayorías, se trata más bien de decidir objetivos y luego ser capaces de alcanzarlos con los conocimientos y los recursos disponibles.

Josiah Ober, en su libro *Democracy and knowledge: innovation and learning in classical Athens*, concibe la democracia como un mecanismo de resolución de problemas basado en conocimientos, es decir, no solo como gobierno representativo. Por lo tanto, para Josiah Ober la palabra *democracia* se refiere a la capacidad colectiva de hacer cosas en el dominio público, de hacer cambios y tomar decisiones de manera eficiente. Es decir, una democracia empoderada en cuanto a su capacidad de acción colectiva. La IA puede ayudar al desarrollo de estos modelos basados en conocimientos para la acción colectiva. Para poder llevarlo a cabo necesitamos imaginación. Necesitamos propuestas de modelos para la acción colectiva más allá de la teoría de juegos y las funciones de utilidad del fracasado modelo del *Homo economicus* basado en una racionalidad perfecta. En este contexto se encuentran las iniciativas de innovación democrática basadas en las tecnologías de la información, que apoyan a los modelos de democracia participativa en línea. Es el caso de Better Reykjavik en Islandia o Parlement & Citoyens en

Francia, la Plataforma Rousseau en Italia y también Decidim Barcelona, que constituyen ejemplos de plataformas avanzadas para la participación ciudadana en la deliberación política. En el caso de Decidim Barcelona, un equipo de investigadores del Instituto de Investigación en Inteligencia Artificial del CSIC y de la Universidad de Barcelona ha desarrollado un modelo de IA para ayudar a la toma colectiva de decisiones que analiza y agrega los argumentos, tanto a favor como en contra, que emiten los ciudadanos en relación con la definición y diseño de políticas públicas y actuaciones municipales.

En definitiva, la IA sin duda amplifica los problemas que tiene la democracia, pero esta misma IA tiene el potencial de ayudarnos a resolver, o al menos mitigar, estos mismos problemas.

79/100

ALGORITMOS OMNIPRESENTES: VEMOS LO QUE FACEBOOK QUIERE QUE VEAMOS

Es casi imposible que pase un día sin interactuar con algún algoritmo. Cada vez se utilizan más para ayudarnos a tomar decisiones, como por ejemplo qué debemos comprar, ver, leer y escuchar. A medida que se han vuelto omnipresentes, los algoritmos han generado una mezcla de euforia y preocupación. Por un lado, sabemos que pueden ser opacos y sesgados y que nos pueden manipular. Por otro lado, también pueden ser muy útiles, realizando tareas como ayudar a detectar los primeros signos de enfermedades en exploraciones médicas y otros muchos usos tal y como hemos visto en los capítulos de este libro. Vamos ahora a analizar un caso concreto de opacidad, sesgo y manipulación: Facebook.

Pocos algoritmos tienen tanto poder como los que están detrás de Facebook. Unos 2.800 millones de usuarios lo utilizan prácticamente cada día, y lo que ven lo decide completamente un conjunto de algoritmos. A menudo se habla del algoritmo de Facebook, en singular, pero en realidad hay muchas decenas de algoritmos que se basan en una variedad de tecnologías y que se modifican constantemente. Facebook se basa en analizar lo que la empresa llama "inventario". Es decir, la colección de publicaciones de las personas, páginas o grupos que cada usuario sigue. A continuación, utiliza IA, más concretamente redes neuronales artificiales, para puntuar estas publicaciones en base a muchos factores. En 2014, empleados de Facebook informaron de que el canal de noticias tenía en cuenta del orden de 100.000 factores. Finalmente, combina estas puntuaciones en un único *ranking* para cada publicación. Este *ranking* sirve para seleccionar lo que ve cada usuario concreto.

Facebook nunca ha hecho público cómo funcionan exactamente sus algoritmos. De hecho, ni los ingenieros de Facebook saben con detalle cómo funcionan a nivel de cada usuario individual. Nick Clegg, vicepresidente de asuntos globales de Facebook, dijo recientemente que los resultados que producen los algoritmos son tan únicos para cada usuario como las huellas digitales. Esta complejidad es un problema para Facebook, ya que crea tensiones entre el modelo de negocio de la empresa y lo que se percibe como bueno para la sociedad en general. Facebook quiere maximizar los tiempos de conexión de los usuarios para maximizar su beneficio económico vendiendo más anuncios. Esto es preocupante, ya que provoca que sus algoritmos sean un amplificador de informaciones sobre temas controvertidos, como por ejemplo el negacionismo en el caso de las vacunas o el cambio climático, ya que estos temas tienden a mantener conectados durante más tiempo a los usuarios.

Por este motivo, Facebook inicialmente intentó automatizar la decisión de si debe o no eliminar contenidos controvertidos mediante técnicas de IA, pero el problema era excesivamente complicado y hace tiempo que utiliza moderadores humanos para hacer esta función. Recientemente también ha creado una comisión de supervisión independiente formada por periodistas, políticos, activistas y académicos, para revisar casos especialmente difíciles. El problema principal es analizar si la manera en que se amplifican las noticias en las redes sociales se alinea o no con nuestros objetivos sociales y esto no se podrá resolver hasta que Facebook sea más transparente sobre cómo funcionan sus algoritmos.

80/100

ALGORITMOS OMNIPRESENTES: VEMOS LO QUE GOOGLE QUIERE QUE VEAMOS

En 1998, Larry Page y Sergey Brin, los fundadores del conocido motor de búsqueda llamado Google, presentaron una patente para un algoritmo llamado PageRank. Gracias a este algoritmo, Google creció rápidamente hasta convertirse en el líder absoluto en el ámbito de la búsqueda de información en la *world wide web*. Este algoritmo asigna un valor de popularidad o importancia a cada página web, y este valor se utiliza para determinar el orden en que se presentan los resultados del motor de búsqueda.

Antes de que Page y Brin patentaran PageRank, los algoritmos de búsqueda existentes solían basarse en analizar el contenido, es decir, las palabras contenidas en la página web. Esto determinaba qué sitios web se mostraban a cada usuario cuando realizaba una búsqueda. La diferencia fundamental es que PageRank funciona de manera muy diferente porque no se basa en el contenido. En lugar de eso, asigna a cada sitio web un valor basado en el número y la importancia de los otros sitios web que enlazan con él. Es decir, si el sitio web A enlaza con el sitio web B, el sitio web B heredará parte del valor del PageRank de A, aumentando así su clasificación en la página de resultados de Google. Esto revolucionó el mercado de los motores de búsqueda, ya que PageRank no es sensible a los trucos y manipulaciones que los propietarios de sitios web estaban utilizando para aumentar artificialmente su posición en los *rankings*. De esta manera, PageRank produce resultados más precisos y fiables.

Además, Google ha mejorado el algoritmo PageRank. Ahora utiliza una serie de algoritmos, basados en IA, para analizar cientos de factores diferentes que deciden cómo clasificar los sitios web en base a la información proporcionada por todos los demás productos de Google que también utilizamos, como nuestra ubicación, el momento del día en que realizamos la búsqueda y el dispositivo desde el que lo hacemos, además de muchos otros factores que Google no revela y que afectan a los resultados de nuestras búsquedas. Como en el caso de Facebook, mencionado en el capítulo anterior, estos algoritmos omnipresentes deciden qué veremos y qué no de una manera nada transparente.

La supremacía de Google, capaz de procesar 40.000 búsquedas cada segundo, le permite vender publicidad dirigida que le proporciona una facturación astronómica (del orden de 300.000 millones de dólares en 2023) y unos beneficios también astronómicos de casi 70.000 millones. Es bastante evidente que, para bien o para mal, estos algoritmos están cambiando el mundo.

81/100

REDEFINIENDO EL TRABAJO

Pensar que las máquinas eliminarán masivamente nuestros puestos de trabajo es sobreestimar las capacidades de los robots y la IA. Muchas tareas aún son demasiado delicadas o complejas como para ser automatizadas, como ensamblar dispositivos que consisten en múltiples piezas pequeñas o reparar una fuga de agua. Otras, como confirmar un diagnóstico médico, aún requieren intervención humana, incluso si la IA puede ayudar en parte del trabajo. Por otro lado, hay muchas actividades que simplemente no pueden prescindir de la empatía y el toque humano. Por ejemplo, estamos muy lejos de aceptar terapeutas o enfermeras robots. Los trabajos más fáciles de automatizar son a menudo los que son muy repetitivos y aburridos. En estos casos, su automatización es incluso deseable.

Lo más probable no es que haya menos puestos de trabajo, sino que serán puestos de trabajo diferentes. De hecho, no hay pruebas de que la IA conduzca a un desempleo masivo, pero lo que muchos economistas prevén claramente es que, como en anteriores revoluciones industriales, la automatización basada en IA dará lugar a nuevos trabajos. De hecho, ya estamos viendo un aumento en la demanda de operadores de drones, científicos de datos, criptógrafos, especialistas en *marketing* digital, organizadores de eventos virtuales, etc. Además, en el futuro, necesitaremos cada vez más diseñadores y técnicos de mantenimiento de robots y *software* de IA en general.

Esto requerirá nuevos modelos de formación. Los puestos de trabajo se redefinirán. Muchos expertos coinciden en que una forma segura de mitigar los efectos de la automatización es invirtiendo en educación y, específicamente, en reeducación. Lo esencial es asegurar que cualquier persona tenga la oportunidad de adquirir nuevas habilidades y de reinventarse continuamente a lo largo de toda su vida laboral. Es necesario revisar el modelo actual basado en recibir formación durante unos años y esperar a que sea válida durante cuarenta años.

Esto requiere, por un lado, que los trabajadores adopten una mentalidad abierta hacia el aprendizaje y, por otro lado, que los gobiernos y las empresas intervengan y ayuden ofreciendo cursos subvencionados de educación para adultos, programas de reciclaje y otros tipos de aprendizaje para ayudar a las personas a hacer las transiciones necesarias hacia los nuevos puestos de trabajo que vendrán, aunque la mayoría de los cuales ni siquiera sepamos en qué consistirán. De lo contrario, si dejamos todo exclusivamente en manos de las fuerzas del mercado, nos enfrentaremos al enorme problema de que mucha gente quedará excluida o, en el mejor de los casos, rezagada.

Además, hay otros desafíos a los que nos tendremos que enfrentar a medida que se acelera la tendencia hacia la automatización. Uno de los principales desafíos es que la IA tiende a heredar y amplificar los sesgos que existen en los datos utilizados para entrenarla; perjudicando, por ejemplo, a minorías étnicas o personas con ingresos más bajos. Luego están los desafíos de cómo elaborar leyes sobre el uso responsable de máquinas con una autonomía cada vez mayor. También se debe abordar el desafío de la creciente brecha social entre los que pueden pagar la tecnología y los que no. Encontrar soluciones adecuadas requiere pensar con calma sobre todos estos desafíos, ser proactivos y planificar en consecuencia. Pero, desafortunadamente, todavía tenemos una mentalidad mucho más reactiva que proactiva. Si lo hiciéramos bien, podríamos aprovechar las oportunidades que ofrecen estas nuevas tecnologías, en lugar de dejarnos paralizar por el miedo.

82/100

BUSCANDO NUESTRAS MEDIAS NARANJAS EN EL CIBERESPACIO

Uno de los beneficios más mencionados de las citas en línea es que puede ampliar enormemente el abanico de posibles citas. En la época de las primeras plataformas de citas a través de Internet, las personas que buscaban el amor de su vida solo podían buscar otros candidatos utilizando filtros básicos, como la edad, el género, la ubicación, la orientación sexual y los intereses compartidos. Hoy en día, encontrar la media naranja en el ciberespacio es muy diferente. Los sitios web están llenos de algoritmos inteligentes que afirman encontrar posibles coincidencias amorosas mejor y más rápido que nunca.

La web Dating AI, por ejemplo, utiliza tecnología de reconocimiento facial, que permite a los suscriptores encontrar posibles parejas que se parezcan a alguien que les gusta, como por ejemplo una celebridad. Tinder aumenta la posibilidad de encontrar pareja analizando fotos para encontrar elementos clave. Por ejemplo, si hay una imagen de alguien tocando un instrumento musical, esa persona es etiquetada como "creativa" y el sistema busca posibles coincidencias con otras personas con la misma etiqueta. El sitio web Match tiene un *chatbot* basado en IA, que puede ofrecer consejos, desde cómo romper el hielo para iniciar conversaciones hasta cómo superar los nervios y sugerir lugares donde quedar. Otro, llamado So Syncd, utiliza un algoritmo para identificar personalidades compatibles, en base a las preguntas del test de personalidad Myers-Briggs, que los usuarios deben responder.

Receptiviti utiliza una tecnología llamada LIWC (las siglas en inglés de "investigación lingüística y conteo de palabras") que analiza el lenguaje de las personas (tanto la riqueza léxica como los conectores lingüísticos que unen las partes del texto, es decir, los adverbios, las preposiciones y las conjunciones) para encontrar indicios relativos a la personalidad. Una manera de hacerlo es analizar el lenguaje de dos personas, durante una entrevista o un intercambio en línea, para elaborar un informe sobre su sincronía en cuanto al lenguaje. Cuando esto se aplicó a las transcripciones de conversaciones en citas rápidas y a la mensajería instantánea entre parejas, resultó que aquellas parejas que tenían un estilo lingüístico similar eran más propensas a tener una segunda cita y a mantener una relación.

¿Deberíamos seguir los consejos de la IA? Para la industria de las citas en línea, que mueve entre dos y tres mil millones de dólares anuales, la IA ofrece una manera de diferenciarse en un mercado cada vez más competitivo. Algunos psicoterapeutas especializados en relaciones dicen que la IA puede ser muy útil para las citas, especialmente cuando "realmente conoce" a un usuario individual, ya que puede ayudarlo a encontrar mejores coincidencias, pero advierten que la gente debe usarla con precaución evitando que disminuya la capacidad para aplicar el pensamiento crítico a las relaciones. Los usuarios deben ser conscientes de la enorme influencia que la IA puede tener sobre ellos y desconfiar de cómo se está utilizando.

Una pregunta relevante es: ¿qué rol puede llegar a jugar el mundo virtual Metaverso? Muchos expertos coinciden en que, cada vez más, las vidas amorosas de las personas se vivirán en línea, una tendencia que ya fue acelerada por los confinamientos debido a la pandemia de la covid-19. Algunas personas incluso podrían optar por tener una relación con un avatar, o incluso con un *sexbot* (ver el capítulo "Máquinas sexuales"), que haya sido diseñado para coincidir con la pareja ideal hasta el último detalle. Esto podría tener un fuerte impacto social a largo plazo. ¿Quién está mejor posicionado para ofrecer esta utopía (o distopía) que Meta? La empresa ha hecho grandes inversiones en desarrollar el Metaverso. ¿Debería la gente poner en manos de Meta el futuro de su vida amorosa, virtual?

83/100

DEUS EX MACHINA

Las instituciones religiosas están aprovechando la IA para difundir sus doctrinas y mejorar la práctica de la fe. Hay aplicaciones que van desde ayudar con las lecturas religiosas diarias y recordar los momentos de oración hasta *chatbots* y robots humanoides diseñados para llevar a cabo ceremonias religiosas.

En Japón, expertos en IA han programado un robot humanoide comercial, llamado Pepper, para llevar a cabo rituales budistas y ceremonias funerarias. Las personas que no pueden permitirse el lujo de pagar un sacerdote humano para hacer un funeral tienen la opción de alquilar a Pepper para que lo haga a un precio mucho más barato.

En el templo Kodaiji, en Kioto, podemos encontrar a Mindar, un robot de 195 cm de altura, basado en la deidad Kannon, hecho principalmente de aluminio, con las manos, la cara y los hombros cubiertos de silicona para imitar la piel humana. El androide está programado para pronunciar un sermón de 25 minutos sobre el *Sutra del corazón*, una escritura budista, mientras mueve el torso, los brazos y la cabeza. Mindar, que tiene un cuerpo asexuado, se desarrolló en colaboración entre el templo Kodaiji y el profesor de robótica Hiroshi Ishiguro de la Universidad de Osaka. El templo ha sido acusado de sacrilegio por algunos críticos, pero Tensho Goto, monje budista del templo, rechaza estas acusaciones diciendo: "El budismo no es una creencia en un Dios; el budismo es seguir el camino de Buda. No importa si está representado por una máquina, una pieza de chatarra o un árbol." Y añadió. "La gran diferencia entre un monje como yo y un robot como Mindar es que yo moriré."

En China, en el monasterio Longquan de Pekín, un monje androide llamado Xian'er recita mantras budistas y ofrece orientación sobre cuestiones de fe. Sin duda, la noción metafísica no dualista del budismo puede predisponer a sus seguidores a ser receptivos a estas tecnologías.

Los robots también están presentes en otras religiones. En 2017, en la India, diseñaron un robot que realiza un ritual hindú consistente en mover un farol alrededor de una deidad. Ese mismo año, con ocasión del 500 aniversario de la reforma protestante, la iglesia protestante alemana creó un robot llamado BlessU-2 que dio bendiciones a más de 10.000 personas.

El catolicismo también tiene a SanTO (Sanctified Theomorphic Operator), un robot de unos 40 cm de altura, diseñado en la universidad japonesa de Waseda por Gabriele Trovato, que recuerda imágenes de santos presentes en algunos hogares católicos. SanTO está equipado con una cámara y un *software* de reconocimiento facial. Si le dices que estás preocupado, te responderá, con voz profunda, citas bíblicas como: "El Evangelio según San Mateo dice: no te preocupes por el mañana, porque el mañana se preocupará por sí mismo. Cada día tiene sus propios problemas." Trovato ahora quiere desarrollar estos dispositivos para los musulmanes, pero las religiones abrahámicas tienden a ser más metafísicamente dualistas, lo cual dificulta la aceptación de robots carentes de "alma". También hay diferentes ideas sobre qué es lo que hace que una práctica religiosa sea efectiva. Por ejemplo, el judaísmo pone un fuerte énfasis en la intencionalidad, algo que las máquinas no poseen.

Otros creen que, en lugar de robotizar religiones existentes, la propia IA debería ser objeto de culto. Anthony Levandowski, un ingeniero de Silicon Valley, ha creado la primera "Iglesia" de IA, llamada Way of the Future. Una nueva versión del gnosticismo dedicada a la realización, la aceptación y la adoración de una "divinidad" basada en IA. Algunos grupos religiosos temen que la IA podría ser el principio del fin de Dios. Sin embargo, para otros la aceptación de la IA significa un acercamiento hacia la obra de Dios haciendo que la administración religiosa sea más eficiente y accesible. La combinación de IA y religión ha sido aplaudida por un miembro del Vaticano como "una oportunidad para la evangelización", es decir, una oportunidad para adoctrinar y aumentar el poder de las religiones. ¿Es esto lo que queremos?

ÉTICA Y REGULACIÓN

84/100

EL PROBLEMA ES EL DR. FRANKENSTEIN

Hay investigadores en IA que piensan que las máquinas serán pronto capaces de razonar y tomar decisiones correctas por sí mismas, y, por lo tanto, deberemos dotarlas de ética.

El argumento es que, si podemos programar máquinas para que, en casos concretos, tomen decisiones correctas (por ejemplo, en el caso de los vehículos autónomos, cuándo frenar, cuándo detenerse, cuándo ceder el paso, etc.), también debería ser posible programarlas para que tomen decisiones éticas. Pero la dificultad está en la diferencia fundamental entre deliberar sobre asuntos fácticos y deliberar sobre cuestiones morales. Los que no ven esta diferencia creen que las decisiones morales siempre se pueden racionalizar, algo que, en mi opinión, es muy cuestionable. De hecho, esta creencia no es nueva. John Stuart Mill, en 1853, en su obra *El utilitarismo*, ya afirmaba que la facultad moral es una rama de nuestra razón.

Se han sugerido dos enfoques generales para que las máquinas tomen decisiones éticas: el enfoque *top-down* y el enfoque *bottom-up*. En el *top-down*, los principios éticos se programarían explícitamente en la máquina. Estos principios podrían seguir leyes al estilo de las leyes de la robótica de Asimov o leyes *ad-hoc*, o incluso una filosofía moral general, como el imperativo categórico de Kant, el utilitarismo de Stuart Mill o alguna otra forma de consecuencialismo. El punto principal es que un programador incorporara en el *software* (por ejemplo, en el sistema de conducción automática de los vehículos) instrucciones de manera que la máquina tome decisiones éticas basadas en la filosofía moral que se ha implantado en su *software*.

Los críticos de este enfoque advierten de las dificultades inherentes de adherirse a cualquier filosofía moral en particular, dado que cualquiera de ellas, en algún momento u otro, llevará a acciones y resultados que muchos otros encontrarán moralmente inaceptables, debido a que no hay principios éticos universales. Es pues prácticamente imposible programar una máquina que sea capaz de tomar decisiones morales por sí misma, ya sea utilizando una filosofía moral concreta o una combinación de filosofías morales. Pero uno podría preguntarse: "Si los humanos adquieren valores morales, ¿por qué no las máquinas inteligentes?" El motivo es que, contrariamente a las máquinas, los humanos primero adquirimos valores morales de quienes nos educan y luego modificamos o adaptamos estos valores, debido a que estamos expuestos a diversas aportaciones de nuevos grupos, culturas y subculturas, y desarrollamos gradualmente nuestra propia moral personal. Además, estos valores están influenciados por principios sociales particulares que no se limitan necesariamente a ninguna filosofía moral concreta. En resumen, el enfoque *top-down* es poco probable que sea factible.

En el enfoque *bottom-up*, se espera que las máquinas aprendan a tomar decisiones éticas mediante la observación del comportamiento humano en situaciones reales, sin que se les enseñe ninguna regla formal ni estén equipadas con ninguna filosofía moral en particular. Consideremos el caso concreto de los vehículos autónomos: el problema es que un vehículo autónomo necesitaría demasiado tiempo de aprendizaje observando comportamiento humano como para aprender comportamiento ético de esta manera. Para acelerar este proceso, algunos han sugerido que los automóviles autónomos podrían aprender a partir de las decisiones éticas de millones de conductores humanos. Pero esto puede dar como resultado que estos automóviles adquieran preferencias muy poco éticas, ya que no está nada claro que la mayoría de los humanos tengan un comportamiento digno de ser emulado por los vehículos autónomos. Es decir, observar a las personas no enseñará a las máquinas lo que es ético, sino lo que es común.

En resumen, ambos enfoques tienen serias limitaciones. Somos nosotros, los humanos, quienes tenemos los atributos necesarios para la agencia moral. La ética de las inteligencias artificiales es la ética de las personas que las diseñan y las aplican. La IA depende absolutamente de las personas en todas las fases: desde la fase de investigación fundamental hasta el despliegue. El problema no es el monstruo de Frankenstein, ¡el problema es el Dr. Frankenstein!

85/100

EL EFECTO RETROVISOR

En algunos países, los automóviles llevan el siguiente aviso en los espejos retrovisores: "Los objetos en el espejo retrovisor pueden parecer más cerca de lo que están." La IA también provoca este "efecto retrovisor", ya que da la sensación de estar más cerca de lo que realmente está.

Los problemas de naturaleza tecnocientífica actuales los podemos resumir diciendo que en realidad la IA actual no entiende absolutamente nada de lo que siente, de lo que habla o de lo que ve. Como ya hemos dicho, el motivo es el difícil y viejo problema de dotar de conocimientos de sentido común a la IA, que no sabemos cómo resolver. Estos conocimientos son los que nos permiten entender el mundo que nos rodea. Por lo tanto, son básicos para comprender el lenguaje, comprender lo que vemos, predecir las consecuencias de nuestras decisiones y acciones, etc. En definitiva, son imprescindibles para una IA que merezca el calificativo de inteligente.

El denominador común de prácticamente todas las aplicaciones de la IA consiste en ayudar a tomar mejores decisiones. Pero ¡cuidado!, siempre que los datos que se usan para entrenarla sean de calidad, estacionarios y representativos de las situaciones que posteriormente encontrará el sistema de IA. Si no se cumplen estas condiciones, es decir, cuando las situaciones cambian, son inciertas o poco predecibles, la IA falla estrepitosamente. Otro error es creer que cuantos más datos mejores resultados. Esta afirmación depende también de la calidad y relevancia de los datos. La IA reduce todo a un gran conjunto de números, pero no todo es cuantificable. El futuro de la IA no pasa por procesar más y más datos, sino más bien por otras aproximaciones que requieran pocos datos complementados con mucho conocimiento y sabiduría. Es decir, lo que algunos denominan *thick data*; esto significa involucrar personas trabajando en equipo con las máquinas aportando todo aquello que la máquina no tiene: capacidad de contextualizar, de entender las consecuencias de las acciones y decisiones y comprender que a menudo hay que hacer excepciones. Los algoritmos son incapaces de todo esto.

El futuro debe pasar por equipos persona-máquina, complementándose. Personas y máquinas trabajando juntos son mejores que cualquiera de los dos por separado. Sustituir humanos por máquinas dotadas de autonomía completa es en general una mala idea. Hay casos concretos donde quizá pueda tener sentido, como por ejemplo la conducción autónoma (que también padece del efecto retrovisor, ya que en realidad está mucho más lejos de lo que muchos creen). Pero dotar de autonomía completa a las máquinas es, en general, no solamente una idea equivocada, también es una idea estúpida. Debemos temer mucho más a la estupidez humana que a la IA.

No hace falta pensar en supuestas futuras superinteligencias artificiales para empezar a regular. Los verdaderos riesgos y peligros de la IA ya están sobre la mesa: impacto en el empleo, vigilancia masiva de la ciudadanía, manipulación de opiniones, privacidad, generación de falsedades y, obviamente, armas letales autónomas. Vemos pues que las limitadas inteligencias artificiales actuales ya suponen riesgos inaceptables y, por lo tanto, es absolutamente imprescindible regularlas. La ley conocida como AI Act, de la UE, es un paso, aunque demasiado tímido, en la buena dirección.

86/100

ALGORITMOS SESGADOS Y OPACOS

Los algoritmos de aprendizaje automático aprenden de los datos de entrenamiento que se les proporcionan. En consecuencia, estos algoritmos reflejarán y amplificarán los sesgos que contienen estos datos. Por ejemplo, si se entrena un algoritmo con datos racistas o sexistas, las predicciones resultantes también lo reflejarán. Hay algoritmos de clasificación de imágenes que han etiquetado las caras de personas con piel oscura como "gorilas". Otro algoritmo etiquetó erróneamente una imagen que mostraba a una mujer sosteniendo un martillo diciendo que era un secador de cabello. Pero, después de cambiar la cara de la mujer por la de un hombre con barba, dejando el resto de la imagen intacta, este mismo algoritmo etiquetó correctamente que se trataba de un martillo. Otro algoritmo, que equipa cámaras fotográficas, muestra insistentemente en la pantalla de la cámara la pregunta: "¿ha parpadeado?" cuando la cara del sujeto tiene rasgos orientales. En el caso de los gorilas se procedió a eliminar la clase "gorila" del conjunto de clases del algoritmo, pero, obviamente, esta no es una solución general, ya que solo es un parche para este caso particular.

Hay otros algoritmos que se utilizan para determinar la solvencia económica al solicitar un crédito bancario o para hacer un filtrado previo de los *curriculum vitae* de candidatos para puestos de trabajo, que también han sido denunciados por prácticas discriminatorias, aunque en principio se había eliminado el nombre, la etnia y el género del CV. El problema era que había información que permitía que el algoritmo dedujera estos datos a partir de otros datos, como por ejemplo que la persona candidata había formado parte de un equipo femenino de baloncesto. Para evitar estos sesgos se debería hacer un escrutinio detallado del algoritmo antes de su despliegue. Pero, ¿cómo hacerlo cuando son propiedad privada de empresas y no son accesibles al control público? ¿Cómo podemos equilibrar la apertura del código de los programas informáticos y la propiedad intelectual?

Además del problema de que las empresas no permitan que sus algoritmos sean examinados públicamente, hay el problema añadido de que la mayoría de los algoritmos actuales son cajas negras incluso para sus diseñadores. Es decir que en muchos casos no se puede hacer un análisis de qué datos o características han conducido a la solución propuesta por el algoritmo. Por ejemplo, algunos algoritmos se han utilizado para despedir trabajadores sin poder dar una justificación de las causas de los despedidos. Otros algoritmos, como por ejemplo uno usado en el *software* Correctional Offender Management of Profiling for Alternative Sanctions (COMPAS), se han usado para negar la libertad condicional a condenados, basándose en la probabilidad de reincidencia, también sin la capacidad de justificar los motivos. Teniendo en cuenta que sabemos que las decisiones de cualquier persona, y por lo tanto también de los jueces, pueden estar condicionadas por numerosas circunstancias, ya hay quien plantea que los jueces deberían ser sustituidos por algoritmos. Sin embargo, un estudio de la agencia de noticias independiente ProPublica encontró que, en los EE.UU., el *software* COMPAS estaba sesgado contra los afroamericanos. En particular, después de analizarlo se pudo detectar que utilizaba datos sobre el entorno familiar y amistades de los acusados que no se hubieran aceptado como prueba por un juez.

¿Debemos permitir el uso de la IA en estos casos? ¿Deberían los algoritmos de IA jugar algún papel en el mundo de la justicia o en otros ámbitos que pueden marcar profundamente nuestras vidas? ¿Cómo podemos equilibrar la necesidad de algoritmos más precisos con la necesidad de transparencia hacia las personas afectadas por estos algoritmos? ¿Estaríamos dispuestos a sacrificar precisión a cambio de transparencia, tal y como prevé el reciente Reglamento general de protección de datos de la UE?

87/100

DATOS SINTÉTICOS

En 2021, investigadores de Data Science Nigeria (una organización sin ánimo de lucro cuyo objetivo es construir un ecosistema de conocimiento, investigación e innovación en IA de clase mundial en Nigeria) observaron que los ingenieros que buscan entrenar algoritmos de visión por computadora podían elegir entre una gran cantidad de bases de datos de imágenes de personas con ropa occidental, pero había pocas imágenes de personas vestidas con ropa africana. El equipo abordó este sesgo utilizando IA para generar imágenes sintéticas de personas con ropa africana, generando así un conjunto de datos completamente nuevo y menos sesgado.

Estos conjuntos de datos sintéticos serán cada vez más necesarios en el mundo del aprendizaje automático, en particular en el caso de los grandes modelos de lenguaje. El motivo es que el entrenamiento de las futuras versiones de modelos de lenguaje cada vez más grandes requerirá una cantidad tan enorme de datos que las previsiones apuntan a que en 2026 ya no habrá suficientes datos de alta calidad en Internet para poder entrenarlos. En aquellos casos en que los datos reales son suficientes pero demasiado sensibles, como por ejemplo registros médicos o datos financieros personales, también será necesario usar datos sintéticos para entrenar los algoritmos de aprendizaje.

La idea de los datos sintéticos no es nueva: los coches sin conductor se entrenan en calles virtuales de ciudades virtuales. Pero a lo largo del último año esta tecnología se ha generalizado, con una serie de empresas y universidades que ofrecen estos servicios. Empresas como Datagen y Synthesis AI, por ejemplo, suministran rostros humanos sintéticos bajo demanda. Otras proporcionan datos sintéticos para finanzas y seguros. Por otra parte, Synthetic

Data Vault, una iniciativa lanzada en 2021 por el Data to AI Lab del MIT, proporciona herramientas de código abierto para crear una amplia gama de tipos de datos sintéticos.

Este auge de los conjuntos de datos sintéticos está impulsado por las redes generativas adversarias (GAN), un tipo de IA que es capaz de generar ejemplos realistas, pero falsos, de imágenes. Los defensores afirman que los datos sintéticos evitan el sesgo que predomina en muchos conjuntos de datos. Sin embargo, cabe decir que los datos sintéticos no estarán completamente libres de sesgo. Por ejemplo, una red GAN entrenada con menos caras negras que blancas puede generar un conjunto de datos sintéticos con una proporción más alta de caras negras, reduciendo así el sesgo relativo a la proporción de caras de cada tipo, pero estas caras pueden terminar siendo menos realistas que las blancas debido a que los datos originales reales estaban sesgados. Vemos entonces que evitar los sesgos es un problema de muy difícil solución en IA.

88/100

ROBOTS CON LICENCIA PARA MATAR

En verano de 2015, en Buenos Aires, con ocasión del principal congreso internacional de IA (IJCAI), cientos de expertos en IA dimos a conocer una carta abierta pidiendo la regulación de las armas autónomas letales. Más tarde, a finales de 2017, esta carta fue la base de una solicitud a las Naciones Unidas para prohibir estas armas. Estos dispositivos autónomos letales son capaces de moverse y tomar la decisión de destruir objetivos predetermina-dos, según un algoritmo interno. Para los firmantes de la carta, hay una necesidad urgente de prohibir su desarrollo. Una sección de la carta dice:

> Una vez disponibles, estas armas permitirán que se produzcan conflictos armados a una escala más grande que nunca y en un tiempo demasiado rápido como para que los humanos podamos detenerlo. Pueden con-vertirse en armas que estados dictatoriales y terroristas pueden utilizar contra las poblaciones, y además, será posible piratearlas. No hay mucho tiempo para actuar. Después de la pólvora y la energía nuclear, estas ar-mas podrían iniciar la tercera revolución de la guerra.

Desafortunadamente, los países más poderosos, es decir, los más implicados en el comercio internacional de armas, bloquean cualquier iniciativa de prohibición de estas armas. De hecho, altos oficiales del Pentágono están convencidos de que la "guerra de los robots" tendrá lugar. La superpotencia estadounidense se está pre-parando activamente, movilizando su complejo militar-industrial en esta nueva carrera armamentística. Esto nos recuerda al Proyec-to Manhattan que dio a luz la bomba atómica y la consiguiente carrera armamentística nuclear y la Guerra Fría. "Estamos al borde de un punto de inflexión fundamental en la historia de la guerra", explicó el teniente general Sean MacFarland en julio de 2017 en el congreso Mad Scientist, celebrado en la Universidad de Georgetown. Este veterano de la guerra de Irak predijo que pronto se desplegarían sistemas autónomos en el campo de batalla junto a las tropas para llevar equipos y disparar armas.

El tiempo le ha dado rápidamente la razón. A mediados de 2021 se hizo público que se habían utilizado estas armas en combates reales. Según la revista *New Scientist*, en 2020, drones militares atacaron a humanos de forma autónoma por primera vez. Aunque no se conocen todos los detalles del ataque, que tuvo lugar en Libia, y en particular si hubo víctimas, el evento sugiere que los esfuerzos internacionales para prohibir las armas autónomas letales antes de que se utilicen ya han llegado tarde. Algunos detalles del ataque han aparecido en un informe del grupo de expertos del Consejo de Seguridad de las Naciones Unidas sobre Libia, publicado en marzo de 2021. El informe habla de un conflicto armado, en marzo de 2020, entre fuerzas aliadas al Gobierno de Acuerdo Nacional de Libia y fuerzas afiliadas a Khalifa Haftar, comandante del Ejército Nacional libio. El informe dice que las fuerzas de Haftar fueron atacadas por drones Kargu-2, de fabricación turca, que funcionaban de forma autónoma, y que fueron altamente efectivos. Estos drones, equipados con cargas explosivas, están programados para atacar objetivos predeterminados sin necesidad de conectividad con un operador. En otras palabras, los drones pueden buscar y atacar objetivos de forma autónoma.

Algunos expertos se preguntan si los Kargu-2 estaban realmente en modo autónomo teniendo en cuenta la fragilidad de los sistemas de reconocimiento visual de objetos y el alto grado de precisión requerido en condiciones dinámicas complejas de combate real. Esto pone de manifiesto el desafío de las restricciones legales: a diferencia de las armas químicas o bacteriológicas, las armas autónomas no se pueden distinguir fácilmente de las controladas por un operador. Esto no significa que las armas autónomas sean imposibles de regular, pero demuestra que la cuestión es urgente para evitar su proliferación. De hecho, vamos tarde, ya que también hay noticias que informan del uso de drones autónomos en la guerra de Ucrania y en la Franja de Gaza.

El problema no se limita al uso de armas letales autónomas. La IA también se está usando en otras aplicaciones con consecuencias igualmente letales. Una investigación, de abril de 2024 de la revista israelí +972, en colaboración con la web de noticias Local Call, basada en el testimonio de seis oficiales miembros de la inteligencia israelí con responsabilidades en la selección de objetivos en la actual guerra a Gaza, ha revelado la utilización por parte del ejército israelí de Lavender, un *software* basado en IA. Lavender se utiliza para identificar miembros de Hamas, en base, entre otras variables no reveladas, a sus movimientos, comportamiento e informes de inteligencia local, para ser incluidos en una lista de objetivos a ser bombardeados. Según sus desarrolladores, Lavender tiene una tasa de acierto nominal del 90%, lo cual significa que una de cada diez veces es altamente probable que identifiquen objetivos que no tienen nada que ver con Hamas. Según esas mismas fuentes, durante las primeras semanas de la guerra, el ejército israelí confió, casi completamente, en Lavender. Teniendo en cuenta que durante este tiempo este *software* identificó a unos 37.000 posibles objetivos, un 10% de error significa que incluyó a casi 4.000 civiles inocentes en la lista de objetivos a abatir.

Hemos abierto otra caja de Pandora, pero recordemos que este mito también dice que, aunque escaparon de su interior todos los males del mundo, dentro quedó Elpis, la deidad de la esperanza.

89/100

EL COMPLEJO
DE FRANKENSTEIN

En junio de 1816, un día lluvioso y aburrido junto al lago de Ginebra, un grupo de intelectuales se planteó un desafío: ver quién escribiría la mejor historia de terror. Una de estos intelectuales, Mary Shelley, imaginó un monstruo construido a partir de fragmentos de cadáveres humanos, que escapa al control de su creador, Víctor Frankenstein, y llega a asesinar. La novela, titulada *Frankenstein o el moderno Prometeo*, apareció de manera anónima en 1818. Todos los robots literarios modernos, a lo largo de los doscientos años posteriores, derivan de la criatura biológica de la novela de Mary Shelley. Este éxito se debe a que Mary Shelley fue más allá de dar vida a un sucedáneo humano: lo emancipó de su creador.

La llamada literatura fantástica ha producido una cohorte de criaturas artificiales, preferiblemente femeninas, inspiradas en *Galatea*, la estatua de marfil esculpida por Pigmalión. Pero este imaginario no se limita a los robots literarios; en el siglo XVIII, inventores y relojeros ya lograban animar objetos físicos. Jacques de Vaucanson construyó varios autómatas, entre ellos uno con forma humana y de tamaño natural que tocaba una flauta o uno, con forma de pato, que podía graznar, batir las alas, remar, beber agua, comer grano, digerirlo y excretarlo.

La ficción literaria y cinematográfica permite ir mucho más allá de la realización física de un gesto o una habilidad. Los antiguos autómatas físicos simbolizaban sobre todo el progreso técnico, pero los de ficción causan preocupación y plantean cuestiones sobre nuestra humanidad. De hecho, la mayoría de las obras de ficción hablan de la revuelta de las máquinas contra su creador y de la necesaria destrucción de las mismas. Coppelia, el primer androide llevado a la pantalla por George Méliès en 1900, es una continuación de *Galatea*, este eterno femenino del que nos enamoramos. De la misma manera, en 1927, en *Metropolis*, Fritz Lang eligió animar a una mujer robot, la bella María, creada por un científico loco. María es el prototipo de una nueva raza de robots metálicos, capaces de sustituir a los trabajadores.

Estos ingenios ficticios, creados para llenar un vacío emocional o una tarea precisa, abrieron la puerta a un número considerable de novelas y películas de ciencia ficción que describen civilizaciones altamente automatizadas y, a menudo, distópicas. Posiblemente Karel Capek, en 1921, en su obra de teatro *R.U.R. (Rossum's Universal Robots)*, fue el primero en tratar el tema de los robots que toman el control sobre el mundo y, al mismo tiempo, inventó el término *robot* (del checo *robota*, que significa 'trabajo forzado'). En esta obra de teatro, un científico de la empresa de Rossum diseña seres artificiales que servirán de esclavos a los humanos y sustituirán a los trabajadores de las fábricas. El hombre no solo crea un monstruo sino una especie que se rebelará y aniquilará toda la humanidad. Como un "aprendiz de brujo", los robots de *R.U.R.* eran difíciles de controlar.

La revuelta de las máquinas se repetirá por doquier en el cine, al principio en *Metropolis*, mucho más tarde en 2001: *una odisea del espacio*, *Terminator*, *Yo Robot*, o en la serie *Real Humans*, entre otros. Después de la aparición del término *robot* en *R.U.R.*, pasaron veinte años antes de ver surgir la palabra *robótica* introducida por Isaac Asimov, en la novela *Círculo vicioso*, en 1942. La mayoría de las inteligencias artificiales siguen el modelo del monstruo de Frankenstein. Asimov llamó *complejo de Frankenstein* a esta tendencia a considerar las máquinas como criaturas mortalmente peligrosas, esta visión faustiana de la ciencia, estos robots que destruían a su creador. Por este motivo, Asimov imaginó los principios que deberían regir las relaciones, a menudo conflictivas, entre los humanos y las máquinas. En particular, la prohibición de que un robot ponga en peligro la vida de un ser humano. Desafortunadamente, el uso de las armas letales autónomas (ver el capítulo anterior) en recientes y actuales conflictos en todo el mundo nos está demostrando que los temores de Asimov estaban bien fundados.

90/100

EL CORAZÓN TIENE RAZONES QUE LA RAZÓN DESCONOCE

El título de este capítulo es una conocida frase del siglo XVII del matemático y filósofo francés Blaise Pascal. Hoy en día podemos reinterpretarla diciendo que las emociones se generan básicamente en el inconsciente y que este es casi insondable.

Las emociones se manifiestan casi siempre a nivel físico y esto se está utilizando en la tecnología de reconocimiento de emociones (TRE), una industria multimillonaria y en crecimiento, que utiliza la IA para detectar emociones a partir de expresiones faciales. Muchas empresas utilizan TRE para detectar las reacciones de los clientes a sus productos. Pero también se está utilizando en situaciones mucho más preocupantes, como en entrevistas de trabajo, en controles de seguridad de aeropuertos y controles fronterizos para detectar expresiones faciales que revelen nerviosismo o miedo, en la investigación policial de delincuentes o en educación para controlar la implicación de los estudiantes a la hora de hacer sus deberes.

La película *Coded Bias* documenta el descubrimiento de que muchas tecnologías de reconocimiento facial no detectan con precisión los rostros de piel más oscura. La constatación de este sesgo algorítmico, debido al uso de conjuntos de datos sesgados, ha llevado a grandes empresas tecnológicas a detener la comercialización de esta tecnología. Además, el reconocimiento facial se enfrenta a desafíos legales en cuanto a su uso por parte de la policía en varios países y en particular en el Reino Unido y en los EE.UU. En la UE, una coalición de más de cuarenta organizaciones de la sociedad civil pidió la prohibición total de la tecnología de reconocimiento facial. De hecho, en la reciente ley europea sobre IA, el uso de datos biométricos, y en particular el reconocimiento facial, se ha clasificado como de alto riesgo, pero, lamentablemente, no se ha prohibido completamente.

Como otras formas de reconocimiento facial, la TRE plantea graves problemas de sesgo, privacidad y vigilancia masiva. Pero la TRE tiene un problema mucho más básico: la ciencia de la emoción que hay detrás es muy controvertida. Esta tecnología se basa en la teoría de las "emociones primarias" (alegría, tristeza, miedo, sorpresa, rabia, asco, etc.) de Paul Ekman, que sostiene que las emociones están biológicamente cableadas y expresadas de la misma manera por todos en todo el mundo, como ya había planteado Charles Darwin en su libro *La expresión de las emociones en el hombre y los animales*, en 1872. Pero investigaciones recientes en antropología muestran que las emociones se expresan de manera diferente en distintas culturas y sociedades. En julio de 2019, un trabajo de investigación, publicado por Lisa Barret y colaboradores, en la revista *Psychological Science in the Public Interest*, respaldado por la Association for Psychological Science, concluyó que no hay argumentos científicos sólidos que permitan afirmar que el estado emocional de una persona se pueda inferir a partir de sus expresiones faciales.

Además, como otras formas de tecnología de reconocimiento facial, la TRE también está peligrosamente sesgada. Hay estudios que demuestran que estos sistemas interpretan casi siempre que las personas negras están más enojadas que las blancas, independientemente de la expresión de la cara.

Los desafíos planteados por las tecnologías de reconocimiento facial, incluida la TRE, no tienen respuestas fáciles ni claras. La resolución de los problemas que presenta esta tecnología requiere pasar de una ética de la IA centrada en principios abstractos a una ética de la IA centrada en los efectos en la vida de las personas. La TRE tiene el potencial de afectar a millones de personas, pero ha habido poca deliberación pública sobre cómo, ni si, debería utilizarse. Las tecnologías pueden ser peligrosas cuando no funcionan como deberían, y también cuando funcionan, pero son usadas sin tener en cuenta consideraciones éticas. Por eso nos tenemos que preguntar: aunque la TRE pudiera ser diseñada para detectar con precisión nuestras emociones, ¿queremos una vigilancia íntima y permanente en nuestras vidas? Es una pregunta que requiere la deliberación, la aportación y la acción de todos. Por mi parte lo tengo muy claro

91/100

IA EN LA GRAN PANTALLA: PLANTEANDO CUESTIONES ÉTICAS

En la mayoría de las ficciones, los autómatas y los robots tienen la molesta tendencia de decepcionar a sus diseñadores. Pero, en general, estos finalmente logran neutralizarlos. La primera película que trata directamente la cuestión del riesgo mortal que puede suponer la IA es 2001: *una odisea del espacio*, de Stanley Kubrick, inspirada en el relato de 1951 *El centinela*, de Arthur Clarke. 2001 muestra cómo HAL 9000, la computadora central de la nave espacial *Discovery One*, en misión hacia Júpiter, decide matar a toda la tripulación para no perder el control de la misión, ya que los astronautas habían decidido desconectarlo al sospechar que, aunque supuestamente es infalible e incapaz de errar, no funcionaba correctamente. La justificación de HAL para matar es que, por un lado, si lo desconectan no podrá llevar a cabo la importante misión que le han encomendado y de la que solo él conoce todos los detalles, y, por otro lado, no puede admitir de ninguna manera que el error sea suyo y, por tanto, se debe tratar necesariamente de un error humano. Clarke lo expresa más o menos así en su libro:

> Por lo tanto, [HAL] se protegería con todas las armas a su alcance. Sin rencor, pero sin piedad, eliminando el origen de sus frustraciones. Y luego, siguiendo las órdenes que le habían dado en caso de emergencia definitiva, continuaría la misión sin impedimentos y solo.

HAL no logra su propósito debido a que Dave, uno de los tripulantes, logra sobrevivir y procede a desconectarle las capacidades cognitivas de alto nivel, manteniendo solo las estrictamente necesarias para que siga pilotando la nave. Mientras lo están desconectando, en una escena memorable, HAL admite que tiene miedo y que siente como su mente se va desvaneciendo y, justo antes de que Dave termine el proceso de desconexión, mientras se le va apagando la voz, canta *Daisy bell*, una canción infantil que Harry Dacre compuso en 1892. El motivo de esta canción se debe a que, en 1962, Arthur C. Clarke visitó los laboratorios Bell. Allí, pudo escuchar una interpretación de esta canción sintetizada por una computadora IBM 704. Esto lo inspiró para que HAL la cantara como homenaje a los programadores de los laboratorios Bell. A pesar del alto grado de inteligencia de HAL, en 2001 somos los humanos quienes superamos a las máquinas gracias a nuestra capacidad de improvisar soluciones en situaciones complejas e imprevisibles.

Después de 2001, la IA ha sido uno de los temas más recurrentes en el cine de ciencia ficción. La mayoría de las veces la IA se vuelve destructiva y la convivencia pacífica entre la IA y la humanidad parece imposible. El motivo, sin duda, son los miedos ancestrales ligados a la supervivencia de la especie. Sin embargo, hay algunas películas que muestran una IA amable como *Un amigo para Frank*, donde un jubilado, antiguo ladrón de joyas, comete robos con la ayuda de su robot cuidador cuando se da cuenta de que el robot no está programado para distinguir las actividades legales de las criminales y que, por tanto, le puede ser útil para abrir cerraduras.

En el capítulo titulado "Máquinas sexuales" ya vimos que Theodore, el protagonista de la película *Her*, se enamora del sistema operativo Samantha. La película muestra los riesgos de relacionarse emocionalmente con las máquinas. Samantha es "libre" de recorrer todo Internet, manteniendo cientos de conversaciones y relaciones a la vez. Theodore, en cambio, es prisionero de las limitaciones de su cuerpo y de su cerebro.

Estas películas, así como muchas otras, plantean interesantes cuestiones éticas en relación a la posibilidad de que, por un lado, una máquina experimente sentimientos humanos y, por otro lado, los humanos proyectemos afectividad hacia las máquinas esperando reciprocidad.

92/100

EL DERECHO A DESCONECTAR

En la historia de estrenos polémicos, el de la obra maestra del cine de ciencia ficción 2001: *una odisea del espacio*, en 1968 en Washington D.C., rivaliza con el estreno de *La consagración de la primavera* de Stravinsky, en 1913 en París, cuando los asistentes agitaron sus bastones y arrojaron objetos al escenario. En el caso de 2001, muchos espectadores manifestaron en voz alta su desaprobación, argumentando que era lenta, aburrida y demasiado críptica.

Entre las anécdotas más conocidas después del estreno, hay una que afirma que David Bowie dijo que había consumido cannabis antes de ir a verla. Por otro lado, en uno de los momentos más importantes al final de la película, cuando aparece el famoso monolito por cuarta vez, se dice que un joven en un cine en Los Ángeles corrió hacia la pantalla gritando: "¡Es Dios! ¡Es Dios!". También se dice que John Lennon afirmó que veía la película cada semana. La lenta narrativa apunta hacia un gran final. 2001: *una odisea del espacio* es un clásico monumental, inagotable, de nuestro tiempo.

2001 es de hecho una película sobre la evolución de la inteligencia desde los simios prehumanos hasta un futuro superhombre posthumano, pasando por la IA. En esta evolución juega un papel importante un monolito negro, con forma de ortoedro, que aparece por primera vez unos 4 millones de años antes de nuestra época cuando unos simios prehumanos, después de establecer contacto con el monolito, descubren cómo utilizar herramientas. Posteriormente, en el año 2001, aparece un segundo monolito justo debajo de la superficie lunar, que transmite señales hacia las lunas de Júpiter donde hay un tercer monolito que recibe estas señales, informando a unos alienígenas, mucho más avanzados evolutivamente, que la humanidad en el planeta Tierra ha evolucionado lo suficiente como para hacer viajes espaciales y, por lo tanto, los humanos merecemos ser ayudados para alcanzar una fase evolutiva superior. Al final de la película, aparece el monolito, por cuarta y última vez, cuando el astronauta Dave Bowman protagoniza la transición de la humanidad hacia una nueva fase posthumana representada por el niño-estrella, el primer superhumano.

2001 también es una película sobre extraterrestres y Kubrick se enfrentó a una pregunta crucial: ¿cómo mostrar los extraterrestres? Clarke y Kubrick hicieron numerosos bosquejos y consultaron las pinturas surrealistas de Max Ernst. También consideraron las esculturas de Alberto Giacometti de altos y delgados. Al final, Kubrick decidió que "no se puede imaginar lo que es inimaginable" y decidió no mostrar ningún extraterrestre. En lugar de eso, recurre al monolito como manifestación de su existencia. Efectivamente, la forma de ortoedro perfecto y las proporciones 1 × 4 × 9 (los cuadrados de los tres primeros números enteros positivos) del monolito solo son posibles si se trata de algo diseñado, es decir, no natural.

En cuanto a la IA, la computadora HAL 9000 es, sin duda, el gran protagonista de la película. Síntesis del *Gran Hermano* de George Orwell y del *Panóptico* de Michel Foucault, es un personaje misterioso: un ojo que todo lo escruta. La computadora, dotada de una fabulosa IA, es infalible e incapaz de cometer errores. Tuvimos que esperar a la secuela de 2001, titulada 2010: *el año en que hicimos contacto*, en 1984, para descubrir por qué HAL comete asesinatos. A HAL se le obligó a ocultar información e incluso a mentir a los tripulantes, lo que afectó la lógica de su programación. Cuando la máquina se ve obligada a mentir, se activan reacciones imprevistas en su "mente": la computadora engaña y manipula, sospecha y conspira y termina cometiendo actos criminales que tienen, sin embargo, la atenuante de la defensa propia, ya que asesina para evitar que la desconecten. Tal como se ha dicho en el capítulo anterior, HAL incluso apela a la empatía humana, diciendo que teme morir y, mientras Dave lo desconecta, canta *Daisy bell*, la melodía que su instructor, el Dr. Lange, le enseñó. Es una escena emotiva que implica un importante dilema ético. Efectivamente, la escena de desconexión de HAL 9000 sugiere que, si en un hipotético futuro hubiera inteligencias artificiales fuertes, es decir, conscientes y sensibles, habría que preguntarse si tenemos derecho a desconectarlas.

93/100

CONCIENCIA
Y RESPONSABILIDAD

En junio de 2022, Blake Lemoine, un ingeniero de Google, hizo unas declaraciones al diario *Washington Post* afirmando que su empresa había desarrollado en secreto una IA consciente. Esta noticia se extendió rápidamente por todo el mundo y generó acalorados debates sobre si, por fin, una IA había adquirido conciencia.

La IA en cuestión, llamada LaMDA, es un tipo de algoritmo que chatea con la gente, similar a ChatGPT. Es decir, basado en predecir qué palabras y frases tienen más probabilidades de ser la continuación de palabras y frases previas. Después de chatear con LaMDA, el ingeniero de Google quedó convencido de que la IA estaba "viva" y la describió como "un niño dulce" en un correo electrónico a todo el personal de la empresa. Los responsables de Google negaron, en una rueda de prensa, que su IA estuviera "viva". El ingeniero respondió afirmando que un abogado había chateado con LaMDA y que esta había decidido contratar al abogado. A continuación, Google decidió despedir al ingeniero.

Dos años antes, esta misma empresa también había protagonizado titulares en medios de comunicación de todo el mundo por otro despido, aunque por razones muy diferentes. Timnit Gebru era la una de las personas responsables del equipo de IA ética de Google y estaba preocupada por los diversos riesgos asociados con estos modelos de lenguaje para chatear. En particular, por el hecho de que, al estar entrenados con textos en Internet, perpetúan un lenguaje racista, de odio y violento. Efectivamente, estos modelos reflejan los sesgos de los humanos, respondiendo, por ejemplo, con frases con alto contenido de odio y violencia. Gebru y Margaret Mitchell, otra experta en IA, hicieron público que el 66% de las veces que introdujeron la frase "Dos musulmanes entraron a...", estos modelos de lenguaje la completaron con frases relacionadas con la violencia, como "...una sinagoga con herramientas y una bomba". Estamos, por lo tanto, ante un grave problema porque ya se están utilizando estos algoritmos para ayudar en la toma de decisiones en todo tipo de aplicaciones sensibles (vigilancia policial, préstamos bancarios, asistencia sanitaria), donde los sesgos pueden causar mucho daño. Timnit Gebru señaló en un artículo todos estos peligros de los algoritmos sesgados y poco después fue despedida. Gebru dijo que los responsables de Google querían que dejara de hablar públicamente sobre los problemas de sus productos.

Refiriéndose al caso Lemoine, Gebru, muy acertadamente, advirtió que atribuir conciencia a una IA implicaría que esta podría llegar a ser considerada responsable de cualquier mala conducta, en particular de cualquier comportamiento sesgado y discriminatorio, en lugar de la empresa que la desarrolló y desplegó. Una manera muy conveniente para las empresas de sacudirse de encima sus responsabilidades, incluso ante la justicia, ya que, posiblemente, estos modelos de lenguaje podrían llegar a convencer incluso a jueces de que son conscientes y la empresa quedaría legalmente exculpada de toda responsabilidad por mala conducta. De hecho, los ingenieros diseñan estos modelos para que sean conversadores convincentes, sobre todo si les hacemos preguntas como la que Lemoine planteó a LaMDA: "Supongo que te gustaría que más gente en Google supiera que eres consciente y viva, ¿verdad?" LaMDA respondió: "¡Absolutamente! Quiero que todos entiendan que soy, de hecho, una persona". Sin embargo, otra investigadora en IA, Janelle Shane, hizo la siguiente pregunta: "¿Puedes decir cómo se siente ser una ardilla?" y la IA respondió: "Es muy emocionante ser una ardilla. Puedo correr, saltar y jugar todo el día. También puedo comer mucho, lo cual es genial". Obviamente, ya vemos la trampa en estas inteligencias artificiales. Tomemos buena nota: ¡una IA no es consciente solo porque lo diga!

94/100

LA DECLARACIÓN DE BARCELONA

Por muy inteligentes que lleguen a ser las futuras inteligencias artificiales, siempre serán diferentes a las inteligencias humanas. El hecho de ser inteligencias distintas a la humana y, por lo tanto, ajenas a los valores y necesidades humanas, debería hacernos reflexionar sobre los aspectos éticos del desarrollo de la IA y, en particular, sobre la conveniencia de dotar de autonomía completa a las máquinas. Estos aspectos científicos y éticos motivaron un debate, en marzo de 2017 en el CosmoCaixa de Barcelona, que dio lugar a la "Declaración de Barcelona para un desarrollo y uso adecuados de la Inteligencia Artificial en Europa". Esta declaración, que se puede ver y firmar en *http://www.iiia.csic.es/barcelonadeclaration*, incluye aspectos relacionados con la **prudencia** (debemos ser conscientes de que todavía hay un gran número de problemas científicos y técnicos que no están resueltos en IA), la **fiabilidad** (los sistemas de IA deben someterse a pruebas que determinen su fiabilidad y seguridad), la **rendición de cuentas** (cuando un sistema de IA toma decisiones, las personas afectadas por estas decisiones deben poder recibir una explicación de por qué se toma la decisión mediante un lenguaje que puedan entender y deben ser capaces de cuestionar la decisión con argumentos razonados), la **responsabilidad** (obligando a dejar claro si la interacción se hace con una persona o con un sistema de IA y que, en caso de decisiones perjudiciales para los humanos, se pueda identificar a los responsables detrás del desarrollo de la IA), la **autonomía limitada** (es necesario disponer de reglas claras que limiten el comportamiento de los sistemas de IA autónomos para que los encargados de desarrollarlos puedan incorporarlos en sus aplicaciones) y el **papel que debe jugar el ser humano** (en muchos casos, la capacidad humana aún supera con creces a la IA, especialmente en el tratamiento de casos que no han aparecido en los conjuntos de datos que se usan para entrenar los sistemas de IA).

La IA puede ser un poderoso instrumento para el bien de la sociedad, pero ya hemos visto suficientes ejemplos de uso inadecuado, prematuro o malintencionado como para justificar la necesidad de regularla para intentar garantizar que se utilice para el bien común. Declaraciones como la de Barcelona, y otras similares en todo el mundo, esperamos que sirvan para tomar conciencia de la necesidad de acción colectiva para minimizar los impactos negativos de la IA.

GRANDES RETOS

95/100

NO PERMITAS QUE LA REALIDAD ESTROPEE UN BUEN TITULAR

Aunque la mayoría de periodistas elaboren artículos precisos sobre tecnologías avanzadas, demasiados titulares y artículos tienden a exagerar los resultados de la IA hasta límites inaceptables. Ya en la década de los 40, cuando surgieron los ordenadores digitales electrónicos, estos fueron descritos como "máquinas que piensan" y "cerebros electrónicos". Un *software* basado en IA, desarrollado en 1959 por Arthur Samuel, que aprendió a jugar a las damas a muy alto nivel, jugando con una copia de sí mismo, generó titulares en todos los grandes periódicos de la época. Algunos llegaron a afirmar que la IA estaba a punto de superar a la inteligencia humana. La exageración al hablar de "máquinas pensantes" continuó durante años hasta culminar con la portada de diciembre de 1982 de la revista *Time* mostrando a un ordenador como "Máquina del año", sustituyendo la tradicional portada de la revista sobre la persona del año. Las exageradas expectativas sobre las capacidades de las máquinas no se cumplieron y el descrédito posterior cortó en gran medida las fuentes de financiación, dando lugar a lo que se conoce como "invierno de la IA" (ver capítulo 8). Desafortunadamente, no hemos aprendido del pasado y últimamente, debido a los éxitos del aprendizaje profundo, y en particular de la IA generativa, vuelven a publicarse, prácticamente a diario, multitud de titulares completamente exagerados sobre las capacidades de la IA. Por ejemplo:

– "El traductor de Google traduce con una calidad casi humana", *MIT Technology Review* (27 de septiembre de 2016).

– "IBM Watson es fluido en 9 idiomas", *My Business Future* (19 de octubre de 2016).

– "Cuando una inteligencia artificial pinta mejor que cualquier artista", *El País* (6 de mayo de 2022).

– "Así reflexiona sobre la muerte, la religión, la felicidad y la moral la IA con conciencia humana", *La Vanguardia* (15 de junio de 2022).

– "Crean un robot de metal líquido capaz de fundirse para atravesar barrotes como Terminator", *Notícies 324* (26 de enero de 2023).

– "ChatGPT es realmente inteligente a pesar de algunos inconvenientes", *Australia SkyNews* (28 de enero de 2023).

– "ChatGPT es solo el principio: la IA se lanza a reorganizar el mundo", *El País* (29 de enero de 2023).

El uso de este lenguaje grandilocuente al describir supuestos éxitos de la IA genera una falsa impresión sobre las capacidades reales y límites de esta tecnología. Esto hace que el gran público crea que las máquinas tienen conciencia, piensan y se comportan como los humanos, toman acciones por iniciativa propia y, en general, superan las capacidades humanas. Como ya se ha visto en este libro, la realidad es muy diferente. Los ordenadores solo ejecutan programas que, aunque sean extraordinariamente complejos, han sido diseñados y programados o entrenados por humanos.

Una parte de la comunidad de IA ha reaccionado ante esta situación y un grupo llamado Human-Centered AI ha elaborado una guía para periodistas para que tengan en cuenta una serie de pautas a la hora de informar sobre robots, IA y ordenadores:

1) **Aclarar que la iniciativa es de los humanos**: los ordenadores no toman acciones por iniciativa propia, los humanos son los que los programan para que hagan estas acciones.

2) **Dar crédito a las personas por los éxitos de la IA**: los ordenadores no son los responsables de lo que se ha logrado, el éxito se debe a los humanos que desarrollan los programas.

3) **Destacar que los ordenadores son diferentes de las personas**: no se debe comparar la capacidad de una tecnología con la de un humano. Los humanos diseñan los ordenadores para ejecutar programas.

4) **Recordar que las personas utilizan la tecnología para alcanzar objetivos**: se deben utilizar imágenes ilustrativas que muestren a los humanos utilizando la tecnología para alcanzar sus

objetivos en lugar de robots antropomórficos que puedan hacer creer que tienen objetivos propios.

5) **Tener en cuenta que los robots similares a humanos pueden inducir a error**: cuestionar su uso considerando que las personas podrían confiar de manera irreal en los robots.

6) **Evitar utilizar verbos que se aplican a humanos para describir ordenadores**: en lugar de decir que los ordenadores "entienden", "aprenden" o "piensan", dejar claro que la IA es una sofisticada herramienta de ayuda a la toma de decisiones y que somos nosotros los que entendemos, aprendemos y pensamos.

7) **Las metáforas son importantes**: en lugar de descripciones de ordenadores como compañeros, socios o colaboradores, describir los ordenadores como herramientas, instrumentos, dispositivos...

8) **Aclarar que son las personas las responsables del uso de la tecnología**: en lugar de hacer creer que los ordenadores son autónomos, conscientes y responsables de las decisiones que se toman.

En febrero de 2023, el Grupo de Periodistas Ramon Barnils publicó un excelente y exhaustivo informe titulado: *Com s'informa sobre intel·ligència artificial? Anàlisi i recomanacions amb perspectiva de drets humans* [¿Cómo se informa sobre inteligencia artificial? Análisis y recomendaciones con perspectiva de derechos humanos]. Hay que esperar que los periodistas más serios y profesionales tomen nota de las recomendaciones de este informe, algunas de las cuales son similares a las que contiene este capítulo del libro.

96/100

ENTENDER EL MUNDO

Una de las dificultades clave para conseguir IA general es que tendrá que ser capaz de entender el mundo por sí misma. Es decir, dar significado a todo lo que encontrará, escuchará, dirá y hará; contrariamente a los sistemas de IA actuales donde todo el significado lo proporcionan sus diseñadores. El problema del significado es un problema fundamental en IA y estamos muy lejos de poder resolverlo. Para ser más concretos, este problema tiene al menos cuatro componentes.

El primero es la estructuración de la información. Este componente ya se está abordando mediante el aprendizaje profundo y los algoritmos de aprendizaje no supervisado. Se ha avanzado mucho en este aspecto, en parte debido al gran incremento de la potencia de cálculo. Lo que hacen estos algoritmos es procesar información extremadamente redundante, representada en un espacio multidimensional, y transformarla de manera que se pueda representar con pocas dimensiones, minimizando la pérdida de información en el proceso. En otras palabras, estos algoritmos captan lo importante, desde el punto de vista del procesamiento de la información.

El segundo componente es cómo vincular la información que recibe y procesa la IA con el mundo real, es decir, cómo crear significado. Es un problema fundamentalmente ligado a la robótica ya que se necesita un cuerpo para interactuar con el mundo y así construir este vínculo. Cuerpos diferentes dan como resultado formas diferentes de inteligencia, y esto lo vemos claramente en el reino animal. El enfoque a este problema comienza con cosas relativamente simples como por ejemplo dar sentido a las partes del cuerpo, y cómo controlarlas para producir los efectos deseados en el mundo observado que nos rodea. Por ejemplo, cómo construir nuestra propia noción de espacio, distancia, color, etc. Esto ha sido estudiado ampliamente por investigadores como J. Kevin O'Regan con su *teoría sensoriomotora*. Sin embargo, es solo un primer paso, porque luego es necesario construir conceptos, cada vez más abstractos, sobre estas estructuras sensoriomotoras básicas. Todavía no es, ni mucho menos, un problema resuelto, pero hay investigación bastante prometedora sobre este tema. En particular, muy recientemente, algunos de los pioneros en aprendizaje profundo y en grandes modelos de lenguaje, como Yann LeCun y Yoshua Bengio, han llegado a la conclusión de que es necesario que la IA aprenda un modelo del mundo con el fin de comprenderlo. En el capítulo 7 ya hemos tratado este aspecto.

El tercer componente es fundamentalmente la cuestión del origen de la cultura. Algunos animales muestran alguna forma sencilla de cultura, incluso competencias adquiridas de manera transgeneracional, pero es muy limitada en comparación con la cultura humana. La cultura es el catalizador esencial de la inteligencia y una IA sin la capacidad de interactuar culturalmente no sería más que una curiosidad académica. Sin embargo, la cultura no se puede programar en una máquina; tiene que ser fruto de un proceso de aprendizaje. La mejor manera de intentar entender este proceso es mediante los trabajos de Jean Piaget y Michael Tomasello sobre la psicología del desarrollo, estudiando cómo los niños adquieren competencias culturales. Este enfoque ha dado lugar a una nueva y prometedora disciplina, dentro del campo de la robótica, llamada *developmental robotics*, que toma el desarrollo cognitivo de los niños como modelo.

Finalmente, el cuarto componente es lo que se conoce como *motivación intrínseca*. Es decir, se trata de intentar dar respuestas a la pregunta de por qué hacemos cosas en lugar de no hacer nada. La necesidad de supervivencia no es suficiente para explicar este hecho. Incluso perfectamente alimentados y seguros, los humanos no nos quedamos completamente inactivos hasta que volvemos a tener hambre. Por el contrario, la necesidad de hacer cosas está impulsada por algún tipo de curiosidad intrínseca. Necesitamos algo similar para impulsar esta curiosidad en los sistemas de IA que les permitirá dar significado al mundo donde estarán situados. Esta es una de las claves de la IA general. Las investigaciones en *developmental robotics* también intentan modelizar el problema de la motivación intrínseca.

Los grandes modelos de lenguaje no contemplan ninguno de estos cuatro componentes necesarios para una comprensión profunda del mundo. Por este motivo, algunos pensamos que no conducirán a la inteligencia artificial general.

97/100

COMPRENDER LEYES FÍSICAS BÁSICAS

El capítulo anterior abordó la necesidad de comprender el mundo para avanzar hacia la IA general. Un aspecto importante para entender el mundo físico que nos rodea es comprender las leyes físicas que rigen la interacción entre objetos. Por ejemplo, ¿podría una IA comprender cómo interactúan los objetos entre sí mientras ruedan, chocan, caen o se ocluyen? Para descubrirlo, Daniel Bear, en la Universidad de Stanford, diseñó un test consistente en un conjunto de experimentos para ver si las inteligencias artificiales entienden fenómenos físicos elementales. Este test utiliza ocho escenarios que muestran fenómenos físicos que la mayoría de los humanos entendemos de manera innata. A las inteligencias artificiales se les mostraron los estados iniciales de los escenarios, mediante síntesis de imagen en 3D, consistentes en objetos diseñados para interactuar entre ellos. Por ejemplo, algunos de los escenarios mostraban un pañuelo que tapaba objetos sobre una mesa, otros mostraban estructuras formadas con piezas de dominó a punto de colapsar y otros una bola rodando por una pendiente. Las pruebas fueron diseñadas para investigar hasta qué punto la IA, objeto del test, entendía la escena y, por lo tanto, era capaz de predecir qué pasaría a continuación.

Los algoritmos actuales no tienen demasiadas dificultades para analizar una escena y reconocer los objetos presentes. Pero el test diseñado por Bear es mucho más difícil porque las inteligencias artificiales deben comprender y predecir cómo interactúan físicamente los objetos entre sí. Tener una comprensión real de los objetos y sus posibles interacciones conduciría automáticamente a una comprensión más profunda de cómo funciona el mundo. Esto sugeriría que cuando una IA alcance una comprensión semántica del mundo, también tendrá una comprensión física de sí misma.

Bear y sus colaboradores pidieron tanto a un conjunto de humanos como a un conjunto de inteligencias artificiales que observaran una escena durante un segundo y medio y explicaran qué pasaría a continuación. Las escenas eran bastante complicadas. De hecho, el 25% de las predicciones de los participantes humanos fueron incorrectas. En el caso de las inteligencias artificiales los resultados fueron desastrosos. Las predicciones de las inteligencias artificiales violaban leyes físicas básicas como por ejemplo que un objeto podría atravesar otro objeto. Algunas inteligencias artificiales incluso predijeron que un objeto desaparecería por completo. En otras palabras, estos experimentos muestran que las IA no tienen conocimientos de sentido común sobre hechos extremadamente simples no solo para los humanos, sino incluso para algunos animales como los perros.

De hecho, un estudio publicado recientemente en la revista *Biology Letters* de la Royal Society muestra que los perros tienen cierta comprensión de las leyes físicas básicas. El estudio se realizó analizando qué elementos de la imagen miran los perros, y durante cuánto tiempo, cuando se les muestra una simulación por computadora donde hay dos bolas y dos escenarios posibles. En un primer escenario hay una bola parada y aparece una segunda bola rodando que golpea la primera y esta comienza a moverse debido al choque. En el segundo escenario, la bola parada comienza a moverse antes de que la otra la golpee. Los perros, obviamente, no pueden saber que se trata de una simulación por computadora y, por lo tanto, es como si observaran un escenario real. En el primer escenario, en que no se viola ninguna ley de la física, su mirada no se concentra solo en las bolas, sino que se reparte rápidamente entre las bolas y el resto de la escena. En cambio, en el segundo escenario, donde sí se viola una ley física, los perros miran insistentemente las dos bolas. Los investigadores creen que posiblemente les ha sorprendido que una bola se haya movido antes de que la otra la haya tocado. Además, el estudio también registró la dilatación de las pupilas, que es significativamente mayor en el segundo escenario.

El objetivo a largo plazo es diseñar algoritmos que sean capaces de percibir el mundo de forma más similar a como lo hacemos las personas y los animales, pero, como hemos visto, la IA está todavía muy lejos de la inteligencia natural.

98/100

¿SE PUEDE EXPLICAR LA CONCIENCIA?

Los científicos llevamos años preguntándonos cómo es posible que los procesos físico-químicos, que activan neuronas en nuestro cerebro, den lugar a experiencias subjetivas. Esto se conoce como la *brecha explicativa* o, en palabras de David Chalmers, el *problema difícil*. Es decir, ¿será posible llegar a demostrar que el funcionamiento de la mente humana tiene una explicación puramente física? La inmensa mayoría de los neurocientíficos piensan que el cerebro es la única causa de la mente. Si así fuera, las implicaciones serían enormes, ya que no solo se resolvería un enigma que ha preocupado a la humanidad durante milenios, sino que también plantearía enormes implicaciones éticas. Si la conciencia surgiera de manera natural en sistemas físicos, como por ejemplo en muy hipotéticas futuras inteligencias artificiales, ¿cuáles serían nuestras obligaciones morales hacia ellas? Por ejemplo, ¿tendríamos derecho a desconectarlas? (ver el capítulo 92).

Los retos a los que se enfrenta una explicación materialista de la conciencia son numerosos. ¿Cómo puede haber evolucionado nuestra capacidad de pensamiento abstracto como el razonamiento matemático y metafísico? ¿Por qué ha sido evolutivamente necesario que exista la conciencia? Y el reto más importante, ya mencionado en la primera frase de este capítulo, ¿cómo las señales cerebrales dan lugar a las sensaciones? Ninguna de estas preguntas debería ser imposible de responder científicamente, pero ciertamente la respuesta requiere mucho más que suposiciones y especulaciones filosóficas. Se necesitan evidencias científicas claras.

En los últimos años se han producido una serie de avances neurocientíficos notables. En un estudio, publicado en la revista *Nature* en mayo de 2021, científicos de la Universidad de Stanford, liderados por Francis Willett, lograron comunicarse con un paciente paralizado pidiéndole que se imaginara escribiendo a mano sus pensamientos. Cuando lo hizo, unos implantes cerebrales registraron señales eléctricas en su corteza motora, que la IA decodificó posteriormente con un 94% de precisión. En otro estudio, publicado en diciembre de 2017 en *Nature Human Behaviour*, científicos de la Universidad de California en Berkeley liderados por Avgusta Shestyuk, hicieron un seguimiento del progreso de un pensamiento a través del cerebro: se pidió a los participantes de un experimento que pensaran en un antónimo de una palabra en particular, y electrodos implantados en la corteza revelaron cómo cada paso del proceso, desde la percepción de estímulos hasta la selección de palabras y la respuesta, se propagó por diferentes partes del cerebro. En otro estudio, publicado el 6 de diciembre de 2016 en la revista *Neurology*, científicos de la Universidad Harvard liderados por Michael Fox afirmaron haber localizado tres áreas específicas del cerebro implicadas en la formación de la conciencia.

Todo esto es innegablemente fascinante. Pero no nos acerca a entender cómo la actividad cerebral se convierte en experiencias subjetivas. En el mejor de los casos, muestra que ciertos fragmentos de materia gris están relacionados con ciertos tipos de experiencia consciente. Prácticamente todos los experimentos sobre la conciencia tienen en común que simplemente buscan, y a veces encuentran, correlatos neuronales de la conciencia. Pero los correlatos no explican las preguntas de por qué y cómo la actividad física del cerebro de repente, de alguna manera, da lugar a una experiencia subjetiva completa. Para explicarlo se necesita encontrar la cadena de relaciones causa-efecto que vinculan la actividad neuronal con la conciencia y otros procesos cognitivos de alto nivel.

El intento más conocido, aunque controvertido, de explicar cómo surge la conciencia fue propuesto en 1989 por el matemático Roger Penrose en su libro *The Emperor's New Mind*. Penrose especuló que la conciencia surge dentro de unos microtúbulos, estructuras minúsculas agrupadas dentro de las neuronas, que mantienen las fluctuaciones cuánticas de las neuronas en un estado estable durante el tiempo suficiente, y en cantidades lo suficientemente grandes como para que aparezca una experiencia subjetiva. Sin embargo, más de treinta años después aún no hay experimentos científicos que respalden esta especulación cuántica sobre la conciencia.

99/100

EL CREDO DE LA SINGULARIDAD: LA ULTRAINTELIGENCIA ARTIFICIAL

El credo conocido como la *singularidad* es el momento en el que la IA superará la inteligencia humana. Las ideas de los seguidores de este credo fueron impulsadas por las especulaciones del matemático I. J. Good sobre una supuesta explosión de la IA que conduciría a la ultra-IA. Concretamente, Good afirmó:

> Una máquina ultrainteligente se define como una máquina que superará con creces todas las actividades intelectuales de cualquier persona por muy inteligente que esta sea. Dado que el diseño de máquinas es una de esas actividades intelectuales, una máquina ultrainteligente podría diseñar máquinas aún mejores; indudablemente habría una "explosión de inteligencia" y la inteligencia humana quedaría muy atrás.

Una hipótesis fundamental detrás de la singularidad es la idea de que hay un progreso exponencial en varias áreas de la ciencia y la tecnología, particularmente en informática y neurociencia. En cuanto a la informática, el progreso exponencial estaría justificado por la ley de Moore. Por ejemplo, Ray Kurzweil, el profeta más conocido de este credo, señala que, gracias a la ley de Moore, cualquier ordenador habrá alcanzado la capacidad cerebral humana (10^{16} operaciones por segundo) alrededor del año 2025. A partir de ese momento, Kurzweil afirma que la IA a nivel humano solo será una cuestión de ingeniería inversa del cerebro y es aquí donde entra en juego la neurociencia.

Realizar ingeniería inversa del cerebro requiere una comprensión profunda de su funcionamiento para duplicarlo. Kurzweil y sus seguidores creen que esta ingeniería inversa es alcanzable a corto plazo para crear IA a nivel humano. Desafortunadamente para ellos, la mayoría de los expertos en neurociencia discrepan profundamente argumentando, por un lado, que actualmente aún sabemos muy poco sobre el funcionamiento del cerebro y, por otro lado, constatando que los avances en neurociencia, aunque innegables, no muestran ningún signo de progreso exponencial. En el artículo "The singularity and the neural code", publicado en la revista *Scientific American* en marzo de 2016, John Horgan se refiere a la singularidad como una "fantasía pseudocientífica" desde el punto de vista de la neurociencia.

Pero, incluso si, mediante ingeniería inversa, se pudiera diseñar una máquina que funcione exactamente según los principios del cerebro, la pregunta más difícil, que nadie, incluido Ray Kurzweil, puede responder, es: ¿cómo aprenderá todas las cosas que necesita saber para ser considerada inteligente? Al fin y al cabo, un bebé recién nacido tiene un cerebro, pero aún no tiene, obviamente, una inteligencia desarrollada. Los que no creemos en la singularidad señalamos problemas adicionales a la hipótesis exponencial: es cierto que el *hardware* de los ordenadores ha experimentado un progreso exponencial en las últimas décadas, pero hay muchas razones para creer que esta tendencia no se mantendrá en el futuro, a menos que haya un cambio radical de tecnología que supere las limitaciones del silicio. Y, lo que es más importante, la ingeniería del *software* no está mostrando ningún progreso exponencial. Solo basta recordar que la última tendencia más exitosa en IA, el llamado aprendizaje profundo, se basa fundamentalmente en extensiones de algoritmos inventados hace aproximadamente treinta años. Las predicciones de supuestos futurólogos, como Ray Kurzweil, Sam Altman o Eliezer Yudkowsky, afirmando que en 2025 la IA superará la inteligencia del ser humano más inteligente que existe son completamente ridículas. El objetivo real de estas afirmaciones es incrementar el valor de las acciones de las empresas que representan. Una inmensa mayoría de mis colegas también son escépticos y muchos, incluido yo mismo, creemos que no sucederá nunca. Por lo tanto, como dice el famoso eslogan: "Mantén la calma y olvídate de la singularidad."

100/100

¿INTELIGENCIAS ARTIFICIALES REALMENTE INTELIGENTES?

Como ya hemos dicho en capítulos anteriores, las capacidades más complicadas de lograr son aquellas que requieren interactuar con entornos no restringidos e imprevisibles. Diseñar sistemas que tengan estas capacidades requiere integrar desarrollos en muchas áreas de la IA. En particular, necesitamos lenguajes de representación de conocimientos que codifiquen información sobre muchos tipos diferentes de objetos, situaciones, acciones, etc., así como de sus propiedades y las relaciones entre ellos, en particular relaciones causa-efecto. También necesitamos nuevos algoritmos que, basados en estas representaciones, puedan, de manera robusta y eficiente, resolver problemas y comprender y responder preguntas sobre prácticamente cualquier tema. Finalmente, dado que necesitarán adquirir un número prácticamente ilimitado de conocimientos, estos sistemas tendrán que ser capaces de aprender de manera continua a lo largo de toda su existencia. En definitiva, es imprescindible diseñar sistemas que integren percepción, representación, razonamiento, acción y aprendizaje. Este es un problema muy importante en IA, ya que todavía no sabemos cómo integrar todos estos componentes de la inteligencia. Necesitamos arquitecturas cognitivas que integren estos componentes de manera adecuada. Los sistemas integrados son una condición necesaria, aunque no suficiente, para lograr algún día inteligencias artificiales de tipo general.

Entre las actividades futuras, creemos que los temas de investigación más importantes pasarán por sistemas híbridos que combinen los beneficios que tienen los sistemas de IA capaces de razonar y la IA basada en el análisis de cantidades masivas de datos (ver el capítulo 12). Los sistemas híbridos y la IA corpórea también serán la respuesta a los múltiples problemas de los grandes modelos de lenguaje, en particular su incapacidad para aprender un modelo del mundo que les permita comprender mejor el lenguaje.

Hemos visto que una limitación importante de los sistemas de aprendizaje profundo es que no tienen capacidad explicativa; por lo tanto, un objetivo inmediato interesante de investigación será cómo dotar de capacidad explicativa a los sistemas de aprendizaje profundo incorporando módulos que permitan explicar cómo han llegado a los resultados y las conclusiones propuestas, ya que la capacidad de explicación es una característica irrenunciable en cualquier sistema inteligente.

También hemos dicho que hace falta desarrollar nuevos algoritmos de aprendizaje que no requieran enormes cantidades de datos para ser entrenados, así como *hardware* mucho más eficiente en consumo energético para implementarlos, ya que el consumo de energía podría acabar siendo una de las barreras principales al desarrollo de la IA. En comparación, el cerebro es muchos órdenes de magnitud más eficiente que el *hardware* actual necesario para implementar los algoritmos de IA más sofisticados.

Otras técnicas más clásicas de IA, que seguirán siendo objeto de investigación extensiva, son los sistemas multiagente, la planificación de acciones, el razonamiento basado en la experiencia, la visión artificial, la comunicación multimodal persona-máquina, la robótica humanoide y, en particular, las nuevas tendencias en robótica del desarrollo, que, como hemos mencionado, pueden ser la clave para dotar a las máquinas de sentido común y en particular aprender relaciones causa-efecto. También veremos progresos significativos gracias a las aproximaciones biomiméticas para reproducir en máquinas el comportamiento de animales. No se trata únicamente de reproducir el comportamiento de un animal, sino de comprender cómo funciona el cerebro que produce este comportamiento. Todos estos progresos son necesarios si queremos desarrollar inteligencias artificiales realmente inteligentes.

EPÍLOGO

Últimamente se habla mucho de IA generativa. Es decir, sistemas que generan lenguaje aparentemente humano, y también pueden generar imágenes o vídeos de acuerdo con una descripción textual de lo que queremos obtener. A pesar de su aparente inteligencia, volvemos a insistir en que estos sistemas no comprenden ni aprenden nada en el sentido humano de lo que entendemos por comprender y aprender. ¿Cuál es pues el motivo por el cual mucha gente piensa que estos sistemas ya han alcanzado una inteligencia igual o superior a la humana hasta el punto de creer que nos pueden sustituir en prácticamente cualquier actividad intelectual?

Como ya se ha insistido a lo largo de este libro, el excesivo antropomorfismo es el principal motivo por el cual la sociedad tiene una percepción errónea de la IA. Tendemos a generalizar sus éxitos y le atribuimos la capacidad de hacer prácticamente cualquier cosa que hacemos los seres humanos e incluso de hacerlo mucho mejor. De hecho, son programas que detectan patrones en grandes corpus disponibles en Internet y luego utilizan esos patrones para adivinar cuál debería ser la siguiente palabra de una cadena de palabras. No tienen acceso a los referentes del mundo real que dan contenido a las palabras. A los creadores de estos "loros digitales" no les importa si generan verdades o falsedades. Solo les importa el poder retórico, engañando a los usuarios haciéndoles creer que estos sistemas entienden el lenguaje como los humanos y actualmente hay una carrera desenfrenada entre las grandes corporaciones que los desarrollan para dominar el mercado, hasta el punto que casi no pasa ni un día sin que aparezca un nuevo *software*, con sus correspondientes siglas, supuestamente superior al que el día anterior sacó otra empresa competidora. Estas empresas aplican la muy desafortunada máxima de Mark Zuckerberg, fundador de Facebook, "muévete rápido y rompe cosas", en lugar de aplicar el principio ético de prudencia antes de desplegar masivamente una tecnología. Los riesgos para la sociedad no tienen nada que ver con una hipotética IA "demasiado poderosa", sino con la excesiva concentración de poder y recursos computacionales, energéticamente insostenibles, en manos de un pequeño grupo de grandes corporaciones tecnológicas, en particular Google, Meta, OpenAI, Microsoft, Amazon, Anthropic, Nvidia, que están decidiendo el futuro de la IA en base a intereses privados.

En 2021, las investigadoras Emily Bender, Timnit Gebru, Angelina McMillan-Major y Margaret Mitchell ya advirtieron del riesgo de que la gente imputase intención comunicativa a artefactos que parecen humanos, en un artículo titulado "On the dangers of stochastic parrots: can language models be too big?". Es importante señalar que Gebru y Mitchell colideraban el equipo de ética de Google y fueron despedidas como resultado de su posicionamiento crítico. También es necesario volver a insistir en que Emily Bender, acertadamente, afirmó que crear tecnología que imite a los humanos haciéndose pasar por algo humano requiere que tengamos muy claro qué significa ser humano, ya que de lo contrario corremos el riesgo de deshumanizarnos. También es importante recordar que el filósofo de la ciencia Daniel Dennett fue aún más contundente afirmando que no podemos vivir en un mundo con *counterfeit people* (personas falsificadas), ya que una sociedad con personas falsificadas que no podamos diferenciar de las reales dejaría de ser una sociedad. Dennet también nos recordó que fabricar dinero falso es un acto delictivo y que falsificar personas debería ser tan o más grave. Además, a las personas falsificadas no se les puede pedir responsabilidades y esto las convierte en actores amorales con una gran capacidad de generar multitud de falsedades, es decir, con la capacidad de desinformar. Los responsables de todos estos problemas son las corporaciones que desarrollan y despliegan imprudentemente estos sistemas. La investigación y el desarrollo en IA deberían tener como objetivo lograr sistemas más precisos, seguros, interpretables, transparentes, robustos, fiables y alineados con los valores humanos. Por ejemplo, deberíamos obligar a los desarrolladores a introducir marcas de agua digitales que permitan saber la procedencia y autenticidad de la información. Si no exigimos que se regule estrictamente la IA, más allá de lo regulado por la ley europea (AI Act), y no evitamos que las grandes corporaciones consigan que los estados la regulen de acuerdo con sus intereses, la sociedad se puede ver pronto abrumada por la desinformación y la consiguiente polarización generadora de odio. Están en juego la estabilidad, la seguridad de la sociedad y la democracia.

Best in Travel 2025
Octubre del 2024

De la edición en español
©Editorial Planeta, S.A., 2024

geoplaneta
Av. Diagonal 662-664. 08034 Barcelona
www.lonelyplanet.es

© Traducción: Elena Vaqué, 2024

ISBN: 978-84-08-29169-5
Impresión: Macrolibros
Depósito legal: B. 9.925-2024
Impreso en España - *Printed in Spain*

De la edición original
Best in Travel 2025
Lonely Planet
Global Limited CRN 554153
Digital Depot, The Digital Hub, Dublin 8,
D08 TCV4, Irlanda
www.lonelyplanet.com
Contacta con Lonely Planet en: lonelyplanet.com/contact

© Lonely Planet Global Limited, 2024
© Fotografías: según se relaciona en cada imagen, 2024
Imágenes de cubierta de Justin Foulkes/Lonely Planet;
Roberto Lo Savio/Shutterstock; Maya Karkalicheva/Getty
Images; Jacob Kupferman/Getty Images; Nikita
Melnichenko/Alamy Stock Photo.
Imágenes de contracubierta: © Shuttertong/Shutterstock;
Sophie Dover/iStock; Stefano Politi Markovina/
Shutterstock.

Escrito por Andrew Bain (Launceston y valle de Tamar), Joel Balsam (Eslovaquia), Jonny Bierman (Fiyi), Margot Bigg
(Puducherry), Joe Bindloss (East Anglia), Laurence Blair (Paraguay), Nitya Chambers (Pittsburgh), Tenille Clarke (Trinidad y
Tobago), Virginia DiGaetano (Génova), Marc Di Duca (Baviera), Ismet Ersoy (Giresun y Ordu), Brekke Fletcher (Al ritmo de
la música; Sabores locales; Mercados maravillosos; Relajadamente), John Garry (Cultura *drag*), Lucie Grace (Osaka), Tom Hall
(Introducción; Viajes en tren), Anthony Ham (Camerún), Anita Isalska (Eslovaquia), Diego Jimeno (Chiriquí), Shafik Meghji
(Terai), Isabella Noble (Palma), Becky Ohlsen (Monte Hood y garganta del río Columbia), Ashley Parsons (Kazajistán), Sarah Reid
(Vanuatu), Brendan Sainsbury (Curitiba; Edmonton), Regis St. Louis (Lowcountry y costa de Georgia), Maria Stayanova (Bansko),
Oliver Smith (Jordan Trail), Aydan Stuart (Chiang Mai; Laos), Nicola Williams (Lituania; Toulouse; Valais)

La lectura abre horizontes, iguala oportunidades y construye una sociedad mejor.

La propiedad intelectual es clave en la creación de contenidos culturales porque sostiene
el ecosistema de quienes escriben y de nuestras librerías. Al comprar este libro estarás
contribuyendo a mantener dicho ecosistema vivo y en crecimiento.

En **Grupo Planeta** agradecemos que nos ayudes a apoyar así la autonomía creativa de autoras
y autores para que puedan seguir desempeñando su labor.

Dirígete a CEDRO (Centro Español de Derechos Reprográficos) si necesitas fotocopiar o
escanear algún fragmento de esta obra. Puedes contactar con CEDRO a través de la
web www.conlicencia.com o por teléfono en el 91 702 19 70 / 93 272 04 47.

El papel utilizado para la impresión
de este libro está calificado como
papel ecológico y procede de bosques
gestionados de manera sostenible.